Über dieses Buch

Die Katze gilt heute als das beliebteste Haustier. Kein anderes Tier hat eine so enge Beziehung zum Menschen entwickelt und gleichzeitig so viel eigensinnige Unabhängigkeit und Raubtiernatur bewahrt.

Katzen sind aufgrund ihrer Dualität von gefährlicher Gerissenheit und schmeichlerischer Anschmiegsamkeit – charmant die samtweichen Pfötchen, gefährlich die scharfen Krallen – geheimnisvolle und dämonische Tiere. Deshalb wird die Katze seit jeher mit Zauber und Aberglaube, mit Magie und Kulthandlung in Zusammenhang gebracht.

Im Volksmärchen erscheint die Katze in vielen Verwandlungsstufen, viele Tier-Mensch-Metamorphosen sind für sie charakteristisch: Als gute Fee, als beschützende und nährende Mutter, als schöne und kluge Geliebte, als verzauberte Prinzessin, als dämonische Hexe.

Am volkstümlichsten und bekanntesten sind die vielen Erzählvarianten des »Gestiefelten Katers«. Die männliche Katze, der Kater, tritt im Volksmärchen auf als listiger Helfer und als verwunschener Prinz.

Über die Herausgeberin

Barbara Stamer, Jahrgang 1945, studierte Anglistik und Germanistik und lebt als Gymnasiallehrerin mit ihrer Familie bei Tübingen. Sie hat sich als Autorin und Herausgeberin zahlreicher Publikationen zu Märchen, Mythen und Symbolkunde – auch im Bereich der pädagogischen Märchenliteratur – einen Namen gemacht.

Katzen-Märchen

Herausgegeben und
mit einem Nachwort versehen
von Barbara Stamer

Mit Scherenschnitten
von Hedwig Goller

KÖNIGSFURT-URANIA

Die Erstausgabe erschien unter dem Titel »Märchen von Katzen« im Fischer Taschenbuch Verlag, Frankfurt am Main, und wurde für die Neuausgabe durchgesehen und ergänzt.

Bibliographische Information der Deutschen Nationalbibliothek

Die Deutsche Nationalbibliothek verzeichnet diese Publikation in der Deutschen Nationalbibliographie; detaillierte bibliographische Daten sind im Internet über http://dnb.d-nb.de abrufbar.

Sonderausgabe
Krummwisch bei Kiel 2010

D-24796 Krummwisch
www.koenigsfurt-urania.com

Umschlaggestaltung: Stefan Hose, Götheby Holm, unter
Verwendung des Motivs
„Schwarzer Peter“ © 2010 ASS Altenburger
Satz: Noch & Noch, Menden
Druck und Bindung: CPI Moravia
Printed in EU

ISBN 978-3-86826-014-4

Für Carmen und Frank

H G

Inhalt

Die verzauberte Katzenprinzessin

Der listige und kluge Kater

Die weise Mutter-Katze

Die dämonische Hexen-Katze

Der zauberkräftige Kater

Die verzauberte Katzenprinzessin

Blickt man in die geheimnisvoll wissenden Augen einer schönen Katze, streicht sie dem Katzenfreund anmutig um die Beine und miaut, als wolle sie mit dem Menschen Zwiesprache halten, so könnte man sich einbilden, sie sei eine verzauberte Prinzessin. In den Märchen dieses Kapitels verhält sich die Katze ganz verblüffend menschlich, Realistisches vermischt sich mit Phantastischem. Der Märchenprinz, betört von der Eleganz, Schönheit und Anmut der Katzenprinzessin, verliebt sich in sie und kann sie erlösen.

HG

Das Katzenschloß

An einem Sommerabend ritt ein Rittersmann durch einen Wald. Im tiefsten Dickicht war er vom Pferd gestiegen, um an einer rauschenden Quelle zu rasten. Da stand plötzlich vor ihm ein Schwarm grauer Katzen. Das wunderliche Volk miaute und schrie und wies nach einem halbverborgenen Pfade, daß der Ritter, sein Roß führend, folgen mußte. Voran hüpften und tanzten und sprangen die grauen Tiere, den Weg zeigend und dem ernsten Mann ein leises Lächeln entlockend. Die sonderbaren Wegweiser gingen und hüpften durch Gestrüpp und Gesträuch, bis Ritter, Roß und Katzen vor ein schimmerndes Schloß auf grünem Hügel kamen. Mit lächerlichen Gebärden hieß der Katzentroß den fremden Mann in die weiten Hallen treten. Dieser band sein Pferd an eine Säule aus Marmorstein und gelangte, stets von Katzen geleitet, in einen hohen Saal, wo auf prächtigem Thron zwei wunderschöne Katzen lagen, eine weiße und eine schwarze, welchen die übrigen Tiere mit den Zeichen unverkennbarer Huldigung nahten.

Der Ritter wollte die seltsamen Inhaber des Schlosses anreden; denn er merkte wohl, daß hier etwas Besonderes vorging; allein ehe er sich's versah, befand er sich in einem andern prunkvollen Gemach, wo ein auserlesenes Nachtessen seiner harrte. Er aß und trank sich an den herrlichen Speisen und an den dunkelroten und goldhellen Weinen satt und suchte Ruhe auf einem seidenen Bett im nahen Prunkzimmer, wo er bald den Schlaf des Gerechten schlief.

Es ging aber nicht lange, da zupfte etwas an der seidenen Decke, und als der Ritter wach wurde, sprach die schwarze Katze zu ihm folgendermaßen: »Vor einigen Jahren war ich ein mächtiger Fürst, die weiße Katze meine Tochter und die grauen Katzen mein Hof. Da kam ein böser Zauberer, dem ich nicht zu Willen gewesen, und der verwandelte uns alle in Katzen. So Ihr aber den Mut habt, diese Nacht auf jenen Hügel zu steigen, wo die drei goldenen Kreuze blinken, die Zauberwurzel am Fuße des mittleren Kreuzes herunterzuholen und mich und meine Tochter und mein Gesinde damit zu berühren, so werdet Ihr uns alle befreien, und Ihr sollt meine Tochter zur Frau haben und mit ihr herrschen über mein Volk. Vor Gefahren aber warne ich Euch.«

Der Ritter besann sich nicht lange, griff nach seinem Schwert und zog voll Gottvertrauen hinaus in die dunkle Nacht. Als er aber den Berg zu besteigen begann, da hub ein Geheul an, wie wenn die Hölle ihre Tore auftäte; es sauste und krachte durch die Lüfte, aus den Ritzen stiegen Schreckensgestalten empor, Blitze schlugen nieder; aber der Ritter verfolgte unbekümmert seinen Weg.

Er erreichte die Höhe, wo die drei Kreuze standen, und brach mit mutiger Hand die Zauberwurzel, während der Berg in seinen tiefsten Tiefen erbebte. Als er wieder zu Tale stieg, war aller Spuk verschwunden, und vor dem Tor des Schlosses harrten seiner der Katzenfürst und seine Vasallen. Diese berührte er mit der Zauberwurzel, und im nämlichen Augenblick strömte ein Lichtmeer durch den Palast, einen prachtvollen Hofstaat beleuchtend, auf dem Throne einen königlichen Greis, neben ihm die anmutigste Prinzessin und im weiten Kreise Ritter und Edeldamen in reichster Hoftracht. Da winkte der König den Ritter heran, legte die Hand der erglühenden Tochter in die seinige, und der Festlichkeiten war kein Ende.

[Märchen aus der Schweiz]

Die schöne Prinzessin

Es war einmal ein König, der hatte drei Söhne, zwei kluge und einen dummen, die stritten sich darum, wer von ihnen einmal das Königreich bekäme. Der Alte hatte darüber viel Ärger und Verdruß; denn keiner von den dreien wollte dem andern nachgeben, selbst der dumme war bisweilen der schlimmste. Einst sagte der alte König, der da merkte, daß er bald sterben müßte: »Ihr alle drei sollt erst einmal in die Welt hinausgehen und euch bewähren. Bei der Gelegenheit sollt ihr mir aber etwas mitbringen, und wer mir das Beste bringt, der soll das Königreich nachher haben. Das erstemal sollt ihr mir einen Hund mitbringen.«

Sie machten sich also alle drei auf und fort ging's; der zweite nahm den dummen bei der Hand und zog fort. Eine ganze Ecke ging's gut, nachher dachte aber der zweite, was soll ich mich mit dem dummen Pinsel abschleppen. Er ist mir doch nur im Weg und hinderlich. Ich tue am besten, ich laß' ihn laufen, wohin er will, und ich geh' hin, wo ich will, und das tat er auch. Er ließ also seinen dummen Bruder im Walde sitzen und ging fort.

Als der Dumme aufwachte, war es finster, und er war allein im Wald, deswegen stieg er auf einen Baum und sah in der Ferne ein Licht. Er stieg von dem Baume herunter, ging dem Lichte nach und nach einem Hause. Nun klopfte er an, es wurde auch aufgemacht, und er sah weiter nichts als Hände, aber keine Leute. Er ging in die Stube, da war alles hübsch, es standen schöne Tische und Stühle da, auch ein weiches, mit Seide überzogenes Sofa, und die Wände waren mit goldenen Tapeten beklebt, es hingen die herrlichsten Spiegel und Bilder an der Wand. Man sah aber keinen Menschen.

Der Dumme setzte sich aufs Sofa, vor dem ein kleiner Tisch war, auf dem das Licht stand, ein Wachslicht. Kaum hatte er sich hingesetzt, so brachten die Hände die feinsten Speisen an. Ach, Braten, die einen jeden anleckerten, und Wein, das war eine Pracht, und setzten das alles auf den Tisch. Auch Teller und Messer und Gabeln, zwei Paar. Es war immer nichts weiter zu sehen, als die Hände, die das brachten. Der Dumme wartete nicht, bis er genötigt wurde. Er schnitt sich ein tüchtiges Stück Braten ab und goß sich ein Glas Wein ein.

Kaum hatte er aber das getan, da schlug's elf, und herein kam eine weiße Katze, setzte sich zu ihm und holte mit ihren Pfoten ein Stück Braten nach dem andern von dem Teller des Dummen, das er entzweigeschnitten hatte. Erst war's ihm nicht recht, daß die Katze ihm das Fleisch vom Teller holte und fraß; doch dachte er, die ist gewiß auch so hungrig wie du, du sollst sie nur gehen lassen. Er hielt ihr das Glas hin und fragte: »Willst du auch einmal trinken?« Sie nickte; darauf schenkte er ihr nun ein Glas ein und gab's ihr hin; sie leckte und leckte daran herum, und es dauerte nicht lange, da war der Wein heraus und da fing die Katze an zu sprechen: »Sag' mir, wer bist du denn?«

Er antwortete: »Ich bin ein Königssohn.«

Da sagte die Katze: »Ich bin eine Königstochter, bleibe doch bei mir und leiste mir Gesellschaft, du sollst's gut haben.«

»Ja«, sagte er, »das täte ich gern; ich muß aber wieder zurück zu meinem Vater, ich muß einen Hund bringen, und meine beiden Brüder auch. Wer den besten bringt, der kriegt das Königreich.«

»Wenn das so ist«, sagte die weiße Katze, »dann bleibe nur noch etliche Tage hier, und dann will ich dir schon helfen.«

»Gut«, sagte der Dumme, »wenn das so ist, so bleib' ich noch da. Warum bist du denn aber eine Katze und kein Mensch?«

»Ach«, sagte sie, »ich bin verwünscht und kann nicht anders erlöst werden als durch dich. Wenn du es nun willst, so werde ich erlöst.«

»Oh«, sagte er, »wenn ich es kann, so soll's nicht fehlen. Was muß ich denn tun?«

Sie antwortete: »Weiter nichts als hierbleiben und essen und trinken und schlafen, dann mußt du dich um nichts bekümmern, was auch geschieht. Wenn du liegst, so steh nicht auf, wenn du ißt, so laß dich nicht stören. Ich muß bald fort, es schlägt gleich zwölf.« Indem schlug's, und gleich war die Katze weg.

Der Dumme aß sich noch erst recht satt und ging dann zu Bett, denn in der Kammer nebenan stand auch ein schönes Bett, und schlief gleich ein. Er hörte und sah nichts. Des Morgens stand er auf; er zog sich an und ging in die Stube, da brachten die Hände das Frühstück, alles aufs schönste und beste. Er aß und trank nach Herzenslust, dann ging er in den Garten, der war wunderschön, die schönsten Bäume und Blumen und andere Gewächse. Er ging den ganzen Tag spazieren, aß und trank nach Belieben und machte sich's zu gut. Des Abends ging er ins Haus und setzte sich wieder auf das Sofa.

Die Zeit dauerte ihm erst lang, ehe es elf schlug, aufgetragen wurde das Essen und Trinken wie am vorigen Abend, und wie es ausgeschlagen hatte, kam die weiße Katze wieder an und sprang auf den Stuhl. Er schnitt ihr ein Stück Braten ab und machte es auf ihrem Teller entzwei. Sie fraß nach Belieben und trank ihren Wein und sprach so freundlich und so gut mit ihm, daß er sie recht lieb kriegte, und wie sie sagte, sie müßte gleich wieder fort, da antwortete er, sie möchte doch noch dableiben. Wie es aber zwölf schlug, da war sie weg. Er aß und trank noch und ging dann wieder zu Bett. Kaum hatte er sich aber hingelegt, da kamen so viele Katzen, die setzten sich um sein Bett herum und fingen an zu knurren, zu miauen und zu spuken, sie stimmten eine Musik an, daß sich der Dumme halb totlachen mußte und über dem vielen Spektakel einschlief.

Der andere Tag ging auch so hin, und es kam alles, wie die Abende vorher. Den dritten Abend sagte aber der Dumme:

»Morgen muß ich wieder fort, wenn ich nur erst einen Hund hätte, der gut wäre.« Dreiviertel auf zwölf gab ihm die weiße Katze einen Ring und sagte: »Wenn du den rechts herumdrehst, so bist du, wo du sein willst. Wenn du ihn anders herumdrehst, so bist du wieder hier. Hier hast du auch eine Walnuß, die steck ein, und wenn du zu Haus bist, so knack sie auf, dann wirst du sehen, was passiert.« Da schlug's zwölf, und die Katze war weg. Er blieb noch ein bißchen auf und ging dann zu Bett.

Kaum hatte er sich hingelegt, so waren eine ganze Menge Hunde um sein Bett herum, die kläfften und bellten, sie knurrten und bissen sich ganz erbärmlich. Er lag aber im Bett und ließ sich nicht stören, am Ende war er wieder eingeschlafen. Am andern Morgen aß und trank er erst ordentlich, was die Hände brachten, und kein Mensch war zu sehen. Dann drehte er den Ring am Finger rechts um und war gleich zu Haus. Seine Brüder aber waren schon da und hatten jeder einen Hund mitgebracht, der eine war blind, der andere lahm.

Der Dumme ging erst zum Vater und fragte, wie's ihm ginge. Der Vater aber sagte, so ein wenig spöttisch, ob er denn nicht einen Hund mitgebracht hätte; denn er sah keinen. Der Dumme nahm seine Walnuß, knackte sie auf und heraus sprang ein allerliebster Hund. Das war der allerbeste. Der Alte und die beiden Brüder mußten bekennen, daß das der beste war.

»Ja«, sagte der Vater, »das ist recht gut, aber noch nicht genug. Ihr müßt noch einmal fort, wer mir dann die beste Stiege Leinen bringt, der soll das Königreich haben.« Der Dumme drehte an seinem Ring und war gleich wieder in der Prinzessin Hause. Es ging alles wieder wie das vorige Mal, und er bekam am dritten Abend wieder eine Walnuß; diesmal gefiel ihm die weiße Katze noch mehr. Als er am Morgen wieder aufgestanden und gesättigt war, drehte er an seinem Ring, und er war wieder zu Haus. Er knackte seine Walnuß und nahm die feinste und schönste Stiege

Leinen heraus. Alle mußten bekennen, daß er das beste Leinen gebracht hatte.

Da sprach der Vater: »Nun habt ihr noch jeder eine Schwiegertochter zu bringen. Wer die hübscheste und beste Prinzessin bringt, der kriegt das Königreich.« Die beiden Brüder verabredeten sich, sie wollten ihren dummen Bruder ums Leben bringen. Er aber wußte es gleich und drehte an seinem Ring, da war er wieder dort in dem Haus bei der weißen Katze. Als er aber ins Haus trat, so war sie gleich da und sagte: »Es ist gut, daß du wieder da bist. Jetzt komm herein. Nun wollen wir's zu Ende bringen. Sieh, hier liegt ein Säbel, jetzt haue mir den Schwanz ab.«

»Aber«, sagte der Dumme, »wie kann ich dir das zuleid tun.«

»Das ist einerlei«, sagte sie, »das muß geschehen.« Er ließ sich's nicht noch einmal sagen, hackte zu, und der Schwanz war weg, und vor ihm stand ein wunderhübsches Mädchen, das ihm um den Hals fiel und ihn herzte und küßte. Das gefiel ihm recht, und er wußte gar nicht, wie ihm zumut wurde vor Freude.

In dem Augenblick hat sich das Haus in ein großes Schloß verwandelt, und alles war ganz königlich. Auch Bediente und Lakaien und Wagen und Pferde und Kutscher gab es und alles, was dazugehörte. Er blieb noch ein paar Tage da, dann wurde der schönste Wagen angespannt, sie setzten sich miteinander hinein und fuhren hin nach Haus. Da ist unterdes der Dumme so klug geworden, gerade wie die anderen nie gewesen sind. Als sie zu dem Alten kommen, da freut er sich, und der Dumme kriegt das Königreich und wird König. Die anderen werden aber abgelohnt; und die jungen Leute haben glücklich miteinander gelebt bis an ihr Ende. Der Alte ist auch bald gestorben.

[Märchen aus dem Harz]

Der arme Müllerbursch und das Kätzchen

In einer Mühle lebte ein alter Müller, der hatte weder Frau noch Kinder, und drei Müllerburschen dienten bei ihm. Wie sie nun etliche Jahre bei ihm gewesen waren, sagte er eines Tages zu ihnen: »Ich bin alt und will mich hinter den Ofen setzen; zieht aus, und wer mir das beste Pferd nach Haus bringt, dem will ich die Mühle geben, und er soll mich dafür bis an meinen Tod verpflegen.«

Der dritte von den Burschen war aber der Kleinknecht, der wurde von den andern für albern gehalten, dem gönnten sie die Mühle nicht; und er wollte sie hernach nicht einmal. Da zogen alle drei miteinander aus, und wie sie vor das Dorf kamen, sagten die zwei zu dem albernen Hans: »Du kannst nur hierbleiben, du kriegst dein Lebtag keinen Gaul.« Hans ging aber doch mit, und als es Nacht war, kamen sie an eine Höhle, da hinein legten sie sich schlafen. Die zwei Klugen warteten, bis Hans eingeschlafen war, dann stiegen sie auf, machten sich fort und ließen Hänschen liegen und meinten's recht fein gemacht zu haben; ja, es wird euch doch nicht gutgehen!

Wie nun die Sonne kam und Hans aufwachte, lag er in einer tiefen Höhle; er guckte sich überall um und rief: »Ach Gott, wo bin ich!« Da erhob er sich und krabbelte die Höhle hinauf, ging in den Wald und dachte: »Ich bin hier ganz allein und verlassen, wie soll ich nun zu einem Pferd kommen!« Indem er so in Gedanken dahinging, begegnete ihm ein kleines buntes Kätzchen, das sprach ganz freundlich: »Hans, wo willst du hin?«

»Ach, du kannst mir doch nicht helfen.«

»Was dein Begehren ist, weiß ich wohl«, sprach das Kätzchen, »du willst einen hübschen Gaul haben. Komm mit mir und sei sieben Jahre lang mein treuer Knecht, so will ich dir einen geben, schöner, als du dein Lebtag einen gesehen hast.«

»Nun, das ist eine wunderliche Katze«, dachte Hans, »aber sehen will ich doch, ob das wahr ist, was sie sagt.«

Da nahm sie ihn mit in ihr verwünschtes Schlößchen und hatte da lauter Kätzchen, die ihr dienten; die sprangen flink die Treppe auf und ab, waren lustig und guter Dinge. Abends, als sie sich zu Tisch setzten, mußten drei Musik machen; eins strich den Baß, das andere die Geige, das dritte setzte die Trompete an und blies die Backen auf, so sehr es nur konnte. Als sie gegessen hatten, wurde der Tisch weggetragen, und die Katze sagte: »Nun komm, Hans, und tanze mit mir.«

»Nein«, antwortete er, »mit einer Miezekatze tanze ich nicht, das habe ich noch niemals getan.«

»So bringt ihn ins Bett«, sagte sie zu den Kätzchen. Da leuchtete ihm eins in seine Schlafkammer, eins zog ihm die Schuhe aus, eins die Strümpfe, und zuletzt blies eins das Licht aus. Am andern Morgen kamen sie wieder und halfen ihm aus dem Bett: eins zog ihm die Stümpfe an, eins band ihm die Strumpfbänder, eins holte die Schuhe, eins wusch ihn, und eins trocknete ihm mit dem Schwanz das Gesicht ab. »Das tut recht sanft«, sagte Hans.

Er mußte aber auch der Katze dienen und alle Tage Holz kleinmachen; dazu kriegte er eine Axt aus Silber und die Keile und Säge aus Silber, und der Schläger war aus Kupfer. Nun, da machte er's klein, blieb da im Haus, hatte sein gutes Essen und Trinken, sah aber niemand als die bunte Katze und ihr Gesinde. Einmal sagte sie zu ihm: »Geh hin und mähe meine Wiese und mache das Gras trocken«, und gab ihm eine Sense aus Silber und einen Wetzstein aus Gold, hieß ihn aber auch alles wieder richtig abliefern.

Da ging Hans hin und tat, was ihm geheißen war; nach vollbrachter Arbeit trug er Sense, Wetzstein und Heu nach Haus und fragte, ob sie ihm noch nicht seinen Lohn geben wollte. »Nein«, sagte die Katze, »du sollst mir erst noch einerlei tun, da ist Bauholz aus Silber, Zimmeraxt, Winkeleisen und was nötig ist, alles aus Silber, daraus baue mir erst ein kleines Häuschen.«

Da baute Hans das Häuschen fertig und sagte, er hätte nun alles getan und hätte noch kein Pferd. Doch waren ihm die sieben Jahre herumgegangen wie ein halbes.

Fragte die Katze, ob er ihre Pferde sehen wollte. »Ja«, sagte Hans. Da machte sie ihm das Häuschen auf, und wie sie die Türe so aufmacht, da stehen zwölf Pferde, ach, die waren gewesen ganz stolz, die hatten geblinkt und gespiegelt, daß sich sein Herz im Leibe darüber freute. Nun gab sie ihm zu essen und zu trinken und sprach: »Geh heim, dein Pferd geb ich dir nicht mit; in drei Tagen aber komm ich und bringe dir's nach.«

Also machte Hans sich auf, und sie zeigte ihm den Weg zur Mühle. Sie hatte ihm aber nicht einmal ein neues Kleid gegeben, sondern er mußte sein altes lumpiges Kittelchen behalten, das er mitgebracht hatte und das ihm in den sieben Jahren überall zu kurz geworden war. Wie er nun heimkam, so waren die beiden andern Müllerburschen auch wieder da; jeder hatte zwar sein Pferd mitgebracht, aber des einen seins war blind, des andern seins lahm. Sie fragten: »Hans, wo hast du dein Pferd?«

»In drei Tagen wird's nachkommen.«

Da lachten sie und sagten: »Ja du, Hans, wo willst du ein Pferd herkriegen, das wird was Rechtes sein!«

Hans ging in die Stube, der Müller sagte aber, er solle nicht an den Tisch kommen, er wäre so zerrissen und zerlumpt, man müßte sich schämen, wenn jemand hereinkäme. Da gaben sie ihm ein bißchen Essen hinaus, und wie sie abends schlafen gingen, wollten ihm die zwei andern kein Bett geben, und er mußte endlich ins Gänseställchen kriechen und sich auf ein wenig hartes Stroh legen.

Am Morgen, wie er aufwacht, sind schon die drei Tage herum, und es kommt eine Kutsche mit sechs Pferden, ei, die glänzten, daß es schön war, und ein Bedienter, der brachte noch ein siebentes, das war für den armen Müllerbursch. Aus der Kutsche aber stieg eine prächtige Königstochter und ging in die Mühle hinein, und die Königstochter war das kleine bunte Kätzchen, dem der arme Hans sieben Jahr gedient hatte. Sie fragte den Müller, wo der Mahlbursch, der Kleinknecht, wäre.

Da sagte der Müller: »Den können wir nicht in die Mühle nehmen, der ist so verrissen und liegt im Gänsestall.« Da sagte die Königstochter, sie sollten ihn gleich holen. Also holten sie ihn heraus, und er mußte sein Kittelchen zusammenpacken, um sich zu bedecken. Da schnallte der Bediente prächtige Kleider aus und mußte ihn waschen und anziehen, und wie er fertig war, konnte kein König schöner aussehen.

Danach verlangte die Jungfrau, die Pferde zu sehen, welche die andern Mahlburschen mitgebracht hatten, eins war blind, das andere lahm. Da ließ sie den Bedienten das siebente Pferd bringen; wie der Müller das sah, sprach er, so eins war ihm noch nicht auf den Hof gekommen; »und das ist für den dritten Mahlbursch«, sagte sie. »Da muß er die Mühle haben«, sagte der Müller, die Königstochter aber sprach, da wäre das Pferd, er sollte seine Mühle auch behalten, und nimmt ihren treuen Hans und setzt ihn in die Kutsche und fährt mit ihm fort. Sie fahren zuerst zu dem kleinen Häuschen, das er mit dem silbernen Werkzeug gebaut hat, da ist es ein großes Schloß, und ist alles darin aus Silber und Gold; und da hat sie ihn geheiratet, und war er reich, so reich, daß er für sein Lebtag genug hatte. Darum soll keiner sagen, daß wer albern ist, deshalb nichts Rechtes werden könne.

[Märchen der Brüder Grimm]

Die verzauberte Katze

Es war einmal ein armer Bauernjunge, der war sehr einfältig, aber dreist und ohne alle Furcht. Dieser verdingte sich bei einem alten Schweinehirten, welcher gerade krank war und deshalb nicht selbst seine Schweine austreiben konnte. Der Alte befahl ihm nachdrücklich, vor Sonnenuntergang mit den Schweinen nach Hause zu kommen. Der Junge merkte aber in seiner Dummheit nicht, daß die Sonne untergegangen war und statt ihrer der Mond am Himmel glänzte; er wartete also noch immer auf den Sonnenuntergang und blieb mit den Schweinen draußen bis zum Morgen, als der Mond unterging. Als der Junge am anderen Morgen mit den Schweinen zurückkam, war der Alte sehr zornig und drohte ihn fortzujagen. Da verlangte er trotzig seinen Lohn und ging damit weg.

Weil er sich vor nichts fürchtete, so beschloß er, sich zu einem verwünschten Schloß zu begeben, in dem, wie er gehört hatte, alle Nacht jemand wachen mußte, dem aber am anderen Morgen jedesmal der Hals umgedreht war. Es waren dabei schon so viele umgekommen, daß sich niemand mehr dazu finden wollte, obgleich der Graf, dem das Schoß gehörte, demjenigen eine große Belohnung verheißen hatte, der bereit wäre, eine Nacht darin zu wachen. Der Junge kam nun zu dem Grafen und erklärte ihm, er sei bereit, in dem Schloß zu wachen, nur verlange er ein Spiel Karten, eine Geige und ein Spiel Kegel, um sich damit die Langeweile vertreiben zu können. Es wurde ihm alles gegeben, was er gefordert hatte; und nachdem er sich erst noch recht satt gegessen hatte, ging er am Abend auf das Schloß und richtete sich in einem Saal wohnlich ein. Da es kalt war, so heizte er in dem Ofen stark ein und fing dann an, Karten zu spielen.

Bald nach elf Uhr öffnete sich die Tür, und es kamen vier schwarze Männer herein, die trugen eine »tote« Leiche, setzten diese, ohne ein Wort zu sprechen, nieder und gingen dann wieder fort. Der Junge sagte nichts und bekümmerte sich nur um sein Spiel. Als die vier Männer fort waren, ging er zu der Leiche, richtete sie auf und sagte: »Es ist kalt, du wirst wohl tüchtig gefroren haben, jetzt kannst du dich wärmen.« Damit stellte er sie an den Ofen. Nach einer Weile entstand aber ein entsetzlicher Gestank im Zimmer. Da sprang er zornig auf und sagte: »Willst du hier einen solchen Gestank machen?« Mit diesen Worten gab er der Leiche eine Ohrfeige, so daß sie umfiel. Dann spielte er wieder ruhig weiter. Nicht lange nachher kamen die vier Männer wieder und trugen die Leiche fort, ohne daß er sich stören ließ.

Ein Weilchen nachher kam einer der vier Männer wieder herein und setzte sich zu ihm an den Tisch. Sogleich lud ihn der Junge ein, mit ihm zu spielen; er meinte, zu zweien spiele es sich doch besser, sagte aber, indem er auf die langen Nägel des schwarzen Mannes hinwies: »Wenn du verspielst, so schneide ich dir jedesmal einen Nagel ab. Mein König hat viel Land; um dieses umzugraben, bedarf es vieler Spaten, und dazu will ich deine Nägel nehmen.« Jener schwieg und nahm auch die ihm vorgelegten Karten nicht an. Etwas später kam auch der zweite herein, dann der dritte. Nun, meinte der Junge, könnten sie Solo spielen. Endlich kam auch der vierte. Alle hatten sich um den Tisch herumgesetzt, allen bot er Karten an und forderte sie auf, mit ihm zu spielen; nur machte er zur Bedingung, daß er ihnen, wenn sie verlören, die langen Nägel abschnitte. Sie nahmen aber die Karten nicht an, sprachen auch kein Wort, und als es zwölf schlug, gingen sie fort.

Darauf kam eine weiße Katze herein und setzte sich zu ihm an den Tisch. Es war zwar eine weiße Katze, doch bemerkte er an den Vorderpfoten ganz deutlich menschliche Finger und an einem derselben einen dicken goldenen Ring. Der Junge sprach zu der Katze, er freue sich sehr, daß er Gesellschaft erhalte; doch die Katze sprach kein Wort und ging nach einer Weile wieder fort. Bald nachher erschien sie wieder und öffnete eine Kammer, worin ein schönes Bett stand. Sie verwandelte sich sodann in eine wunderschöne Prinzessin und legte sich in das Bett. Er aber blieb ruhig an seinem Tisch sitzen und spielte, bis die Nacht zu Ende ging. Beim Anbruch des Tages öffnete er die Fensterladen, setzte sich in ein Fenster und spielte auf seiner Geige.

Als der Graf das hörte, wunderte er sich nicht wenig darüber, daß er noch lebe, und versprach ihm noch mehr Geld, wenn er auch noch eine zweite und dritte Nacht in dem Schloß wachen wolle. Der Junge war gern dazu bereit und bat nur, daß man ihm reichlich zu essen und zu trinken mitgeben möge. Es wurde ihm so viel Speise und Trank mitgegeben, wie er nur haben wollte; und so wachte er auch die zweite und dritte Nacht im Schloß, worin sich alles das wiederholte, was er schon in der ersten Nacht erlebt hatte.

Als er nun auch die dritte Nacht glücklich überstanden hatte, war im Schloß die weiße Katze und alles, was darin bezaubert gewesen war, erlöst; und von allen Seiten kamen die entzauberten Menschen zum Vorschein. Man bat ihn dringend, doch im Schloß zu bleiben, allein er hatte dazu keine Lust, sondern wanderte, nachdem er reichlich belohnt war, weiter.

[Märchen aus Niedersachsen]

Der listige und kluge Kater

Die klassische Märchenfigur des Gestiefelten Katers – der listige und kluge, selbstsichere und intelligente Katzenmann – wird hier in unbekannten Erzählvarianten vorgestellt.
E.T.A. Hoffmann entwirft in den »Lebensansichten des Katers Murr« das köstlich humorvolle Bild des gelehrten Katers, der sich selbst das Lesen beibringt, mit zierlicher Pfote die eigenen Dichtwerke aufzuschreiben versteht und tiefsinnigen philosophischen Gedanken nachhängt.

Gagliuso oder der Gestiefelte Kater

Es war einmal in meiner geliebten Vaterstadt Neapel ein gar sehr, sehr armer Mann, welcher so luftig, leer und leicht, so dürftig und bloß und so ohne den geringsten Lappen und Lumpen auf dem Leibe war, daß er nackt ging wie eine Laus. Als er nun so weit war, daß er den Sack des Lebens ausschütteln sollte, rief er Oratiello und Pippo, seine Söhne, herbei und sprach zu ihnen: »Ich bin bereits auf Grund der Schuldverschreibung, welche die Natur von mir in Händen hat, vorgefordert worden, und ihr könnt mir, so wahr wir Christen sind, glauben, daß ich diese Kummerhöhle, diesen Leidenskerker mit viel Freude verlassen würde, wenn ich euch nicht in gar so übler Lage, so von allem entblößt wie die Karthäuser, so arm wie die Kirchenmäuse und ohne den allergeringsten Pfennig, blank wie die Barbierbecken, leicht wie die Federn und trocken wie die Pflaumenkerne zurückließe, so daß ihr nicht so viel habt, als der Hund auf dem Schwanz forttragen kann, und wenn ihr hundert Meilen laufet, euch auch kein Heller aus der Tasche fällt; denn mein Schicksal hat mich dermaßen auf den Mist gebracht, daß es mir am Nötigsten fehlt und ich nicht mehr besitze als zur Stunde, da ich aus dem Mutterleibe kam, daß ich, wie ihr wisset, immerfort vor Hunger gähne und stets ohne Licht schlafen gegangen bin. Trotz alledem will ich euch bei meinem Tode ein Zeichen meiner Liebe zurücklassen, und daher nimm du dir, Oratiello, der du mein erstgeborener Sohn bist, das Sieb, das dort an der Mauer hängt, und du, der du das Nestvögelchen bist, nimm dir die Katze, und gedenkt beide eures Vaters!« Indem er so sprach, fing er an zu weinen und sagte bald darauf: »Lebet wohl, ich gehe schlafen!« Sobald nun Oratiello die Beerdigungskosten für den Vater zusammengebettelt und ihn hatte begraben lassen, nahm er das Sieb und suchte hier und da Arbeit, um sich seinen Unterhalt zu erwerben, so daß er desto mehr verdiente, je mehr er durchs Sieb durchbrachte; Pippo aber nahm die Katze und sprach: »Da seh einer einmal, was für eine herrliche Erbschaft mein Vater mir hinterlassen hat; ich, der ich selbst nichts zu leben habe, muß nun gar für zwei sorgen! Hat man je ein so unseliges Vermächtnis gesehen? Wenn doch lieber die ganze Erbschaft beim Kuckuck geblieben wäre!« Als nun die Katze dieses Gejammer vernahm, sprach sie zu ihm: »Du beklagst dich über die erlittene Unbill und hast doch mehr Glück als Verstand; denn du weißt nicht, daß ich dich reich machen kann, wann ich nur immer will.«

Sobald Pippo diese Worte hörte, dankte er Seiner Katzlichkeit und empfahl sich ihrem Wohlwollen auf das dringendste, wobei er ihr drei- oder viermal über den Rücken strich, so daß die Katze voll Mitleid über den armen Gagliuso alle Morgen um die Stunde, wann die Sonne mit dem Köder des Lichts an dem goldenen Angelhaken die Schatten der Nacht zu fischen pflegt, sich an das Ufer begab, und wenn sie eine große Muräne oder einen hübschen Goldfisch bemerkte, ihn fing und zu dem König brachte, indem sie zu ihm sagte: »Herr Gagliuso, Euer Majestät untertänigster Diener, schickt euch diesen Fisch in aller Ehrfurcht, obwohl er meint, daß es für einen so großen Herrn nur ein kleines Geschenk ist!« Der König antwortete hierauf der Katze mit einem freundlichen Gesicht, wie man es dem zu machen pflegt, der etwas bringt: »Sage dem unbekannten Herrn, daß ich mich schönstens bedanke.«

Ein anderes Mal wieder lief die Katze zu den Mooren und Gebüschen, und wenn die Jäger einen Auerhahn, eine Schnepfe oder ein Rebhuhn niederschossen, husch, war sie damit fort und überbrachte sie dem König mit denselben Worten; kurz, sie setzte dies so lange fort, bis der König einmal zu ihr sagte: »Ich fühle mich dem Herrn Gagliuso so verpflichtet, daß ich ihn kennenzulernen und mich ihm für die mir erwiesene Zuvorkommenheit dankbar zu erweisen wünsche.«

Worauf die Katze erwiderte: »Der Wunsch des Herrn Gagliuso geht nur darauf, sein Gut und Blut für Euer Majestät daranzusetzen, und morgen früh, sobald die Sonne die Stoppelfelder des Himmels in Brand gesteckt hat, wird er herkommen, Euch seine Ehrfurcht zu bezeigen.«

Als aber der Morgen erschienen war, begab sich die Katze zum König und sprach: »Herr Gagliuso läßt sich bei Euer Majestät entschuldigen, daß er nicht erscheinen kann; denn es sind ihm heute nacht einige Kammerdiener davongelaufen, die ihm auch nicht ein einziges Hemd übriggelassen haben.«

Kaum hatte der König dies vernommen, so befahl er seinem Garderobenmeister, Herrn Gagliuso eine Anzahl Kleidungsstücke und Wäsche zu überbringen, so daß keine zwei Stunden vergangen waren, als dieser auch schon in Begleitung der Katze nach dem Palast kam und sich von dem König mit Höflichkeiten überhäuft sah, indem letzterer ihn sogar in seiner Gegenwart niedersitzen hieß und ein prächtiges Gastmahl veranstaltete.

Während nun Gagliuso hierbei tüchtig zugriff, wandte er sich ein Mal übers andere zu der Katze und sprach zu ihr: »Liebes Miezchen, sieh mir nur ja zu, daß die paar Lumpen mir nicht wieder aus den Händen schlüpfen!«

Worauf die Katze versetzte: »Sei nur ruhig und stopfe dir den Mund, und mache nicht so viel Gerede von dergleichen Bettel!« Und als der König wissen wollte, ob Gagliuso vielleicht etwas verlangte, antwortete die Katze, daß er eine kleine Limone wünsche, daher der König alsbald in dem Garten ein Körbchen voll abpflücken ließ. Gagliuso fing indes bald wieder das Lied von den alten Kleidern und Hemden an, die Katze sagte ihm von neuem, er solle sich den Mund zuspunden, und auch der König fragte ebenso, ob er etwas wünsche, so daß die Katze wie vorher mit einem schnellen Vorwande dem niedrigen Sinn Gagliusos zu Hilfe kommen mußte.

Nachdem man endlich zu speisen aufgehört und eine Zeitlang von dem und jenem geplaudert hatte, beurlaubte sich Gagliuso, während jedoch die Katze noch bei dem König zurückblieb und ihm Tugend, Geist und Scharfsinn ihres Herrn, besonders aber seinen großen Reichtum und Grundbesitz pries, welcher sich, wie sie sagte, in der Umgebung von Rom und in der Lombardei weit und breit ausdehnte, so daß sie ihn wohl für würdig hielte, sich mit einem gekrönten Haupt zu verschwägern.

Als nun hierauf der König fragte, wie reich er wohl sein könnte, erwiderte die Katze, daß man die beweglichen und unbeweglichen Güter und Geräte dieses Krösus, der selbst nicht wüßte, wieviel er habe, gar nicht zählen könnte; wenn aber der König sich von der Wahrheit dessen, was sie sagte, zu überzeugen wünsche, so möchte er Leute mit ihr über die Grenze schicken, welche sich durch den Augenschein überzeugen sollten, daß kein Reichtum auf der Welt dem seinen gleichkäme.

Der König ließ daher einige seiner vertrautesten Diener kommen und befahl ihnen, sich auf das sorgfältigste von der in Rede stehenden Sache zu unterrichten, worauf diese denn auch der Katze von Ort zu Ort nachfolgten, da sie nämlich unter dem Vorwand, die notwendigen Erfrischungen für sie an den jedesmaligen Ruheplätzen bereithalten zu lassen, immer voraneilte; sooft sie aber eine Herde Schafe, Kühe, Pferde oder Schweine unterwegs antraf, rief sie den Hütern und Hirten derselben zu: »Heda, aufgepaßt, denn eine Räuberbande plündert alles, was sich auf diesen Feldern hier befindet; wenn ihr jedoch den Händen derselben entkommen und euer Eigentum unangetastet sehen wollet, so saget nur, daß es dem Herrn Gagliuso gehört, dann wird euch kein Haar gekrümmt werden.«

Dasselbe sagte die Katze auch in den Gehöften, bei denen sie vorüberkam, so daß die Leute des Königs, wo sie auch immer anlangten, überall dieselbe Leier hörten, denn von allen Dingen, denen sie auf ihrem Wege begegneten, wurde ihnen gesagt, daß sie dem Herrn Gagliuso gehörten; daher sie endlich vom Fragen ermüdet zum König zurückkehrten und demselben Wunderdinge über den Reichtum des Herrn Gagliuso berichteten. Infolgedessen versprach der König der Katze einen hübschen Kuppelpelz, wenn sie eine Heirat zwischen seiner Tochter und Gagliuso zustande brächte; welchen Auftrag diese, wie ein Weberschiffchen hin- und herlaufend, denn auch wirklich ausführte, indem Gagliuso wieder erschien und hierauf sowohl die Tochter des Königs als auch eine sehr große Mitgift in Empfang nahm.

Nach einem mit zahlreichen Festen verbrachten Monat äußerte endlich Gagliuso, er wolle doch nun auch seine junge Frau nach ihrem neuen Wohnsitz bringen, und begab sich demgemäß, vom König bis an die Grenze begleitet, in die Lombardei, wo er auf den Rat der Katze eine Anzahl Güter und Ländereien ankaufte und sich zum Baron machen ließ. Da sich nun Gagliuso auf diese Weise steinreich und geehrt sah, dankte er der Katze auf das allerherzlichste, indem er zu ihr sagte, er wisse wohl, daß er ihrer Liebe sein Leben und seinen Reichtum schulde, und daß die Klugheit einer Katze ihm mehr Gutes erwiesen als der Verstand seines Vaters; sie könne daher ganz nach ihrem Wunsch und Belieben über seine Habe und sein Leben schalten und walten, und er verspräche ihr auf das heiligste, daß, wenn sie einst nach langen Jahren sterben sollte, er ihren Körper einbalsamieren lassen und in einem goldenen Sarg in seinem eigenen Zimmer aufbewahren würde, um die Erinnerung an sie immer vor Augen zu haben.

Die Katze hörte ruhig diese Großsprecherei mit an und ließ erst einige Zeit vorübergehen, dann aber streckte sie sich eines

Tages der Länge nach in dem Garten auf die Erde und stellte sich tot, so daß die Frau Gagliusos, sobald sie dies bemerkte, ausrief: »Ach, liebster Mann, welch ein Unglück! Die Katze ist tot!«

»Wolle Gott, das wäre das größte Unglück, das uns je widerführe«, versetzte Gagliuso, »besser sie stirbt als wir!«

»Was fangen wir aber mit ihr an?« fragte die Frau

»Pack sie am Bein und wirf sie zum Fenster hinaus«, erwiderte Gagliuso.

Kaum hörte jedoch die Katze von dieser herrlichen Belohnung, die sie sich am allerwenigsten vorgestellt hätte, so sprang sie alsbald auf und rief aus: »Ist dies der Dank dafür, daß ich dich den Läusen entrissen habe? Ist dies die Vergeltung dafür, daß du durch meine Hilfe die Lumpen fortgeworfen hast und jetzt einen ganzen Rock trägst? Ist das der Lohn dafür, daß ich dich mit prächtigen Kleidern überhäuft und alle deine Wünsche befriedigt habe, der du vorher ein verhungerter Bettler, welchem das Hemd zu den Hosen heraushing, ja, ein zerrissener, zerlappter, zerlumpter, zerfetzter Haufen von Hadern warst? Aber so geht es gewöhnlich denen, die ihre Perlen den Säuen vorwerfen! Verwünscht sei alles, was ich an dir getan; denn du verdienst nicht einmal, daß man dir ins Gesicht spuckt! Ist das der goldene Sarg, in den du mich legen, dies das herrliche Begräbnis, das du mir veranstalten wolltest? Da diene, arbeite, mühe und schwitze sich einer immer ab, um zuletzt diesen schönen Lohn zu erhalten! Wie beklagenswert ist doch der, welcher seinen Topf an der Hoffnung, die er auf andere setzt, erwärmen will, und wie wahr hat doch der Philosoph gesprochen, welcher sagte, daß, wer wie ein Esel verfährt, auch wie ein solcher behandelt wird, und daß, mit einem Wort, je mehr man tut, man desto weniger Lohn erwarten möge!«

Indem die Katze dies ausrief und dabei ein ganz trauriges Gesicht machte, eilte sie hinaus, und so sehr auch Gagliuso sich bemühte, sie mit der Zunge der Demut zu lecken, gelang es ihm dennoch nicht, sie zur Rückkehr zu bewegen, vielmehr lief sie immer geradeaus, ohne auch nur einmal den Kopf umzudrehen, wobei sie zu wiederholten Malen ausrief:

»Gott hüt uns vor den Hohen, die gefallen,
Sowie vor den gestiegnen Bettlern allen.«

[Neapolitanisches Märchen]

Der Maushund

Der Krieg war glücklich vorüber, aber die Stunde der Schildbürger hatte geschlagen, obgleich sie keine Glocke mehr besaßen. In ihrem Flecken gab es nämlich keine Katzen, wohl aber so viel Mäuse, daß vor denselben auch im Brotkorb nichts sicher war. Was sie nur neben sich stellten, wurde von ihnen gefressen und zernagt. Darüber waren sie in großen Ängsten. Da begab es sich, daß wieder ein fremder Wandersmann durch ihr Dorf zog; der trug eine Katze auf dem Arm und kehrte bei dem Wirt ein. Der Wirt fragte ihn, was doch dieses für ein Tier sei? Er sprach, es sei ein Maushund.

Nun waren die Mäuse in Schilda so einheimisch und zahm, daß sie vor den Leuten gar nicht mehr flohen und am hellen Tage ohne alle Scheu hin und her liefen. Darum ließ der Wandersmann die Katze laufen; und diese erlegte vor den Augen des Wirtes nicht wenige der Mäuse. Als der Gemeinde dies durch den Wirt angekündigt wurde, fragten die Schildbürger den Mann, ob ihm der Maushund feil wäre, sie wollten ihm denselben gut bezahlen.

Er antwortete, der Hund sei ihm zwar nicht feil, weil sie aber seiner so gar bedürftig wären, wollte er ihnen denselben angedeihen lassen, und das um einen billigen Preis. Und so forderte er hundert Gulden dafür.

Die Bauern waren froh, daß er nicht mehr verlangt hatte, und wurden mit ihm des Kaufes eins in der Art, daß sie ihm die Hälfte der Summe bar erlegen sollten, das übrige Geld sollte er nach Verlauf eines halben Jahres abholen. Der Kauf wurde besiegelt; der Fremde trug den Schildbürgern den Maushund in ihre Burg, in der sie ihr Getreide liegen hatten und wo es auch am meisten Mäuse gab. Der Wanderer zog eilends mit dem Geld weg; er fürchtete sich, der Kauf möchte sie gereuen, und sie möchten ihm das Geld wieder abnehmen. Im Gehen aber sah er oft hinter sich, ob ihm nicht jemand nacheile.

Nun hatten die Bauern vergessen zu fragen, was der Maushund esse. Darum schickten sie dem Wandersmann in Eile einen nach, der ihn deshalb fragen sollte. Als nun der mit dem Geld sah, daß ihm jemand nachlaufe, eilte er nur desto mehr.

Der Bauer aber rief ihm von ferne zu: »Was ißt er? Was ißt er?«

Jener antwortete: »Wie man's beut! Wie man's beut!« Der Bauer aber verstand: »Vieh und Leut! Vieh und Leut!«

Er kehrte in großem Unmut heim und zeigte das dem Rat, seinen gnädigen Herren, an. Diese erschraken sehr darüber und sprachen: »Wenn er keine Mäuse mehr hat, so wird er unser Vieh fressen und endlich uns selber, ob wir ihn schon mit unserm guten Geld gekauft haben!« Sie hielten deswegen Rat über die Katze und wollten sie töten. Es hatte aber keiner das Herz, sie anzugreifen. Endlich beschlossen sie einmütig, die Burg, in welcher die Katze sich befand, mit Feuer zu vertilgen; denn ein geringer Schaden wäre besser, als daß sie alle um Leib und Leben kommen sollten. Und damit zündeten sie ihr eigenes Schloß an.

Als aber die Katze das Feuer roch, sprang sie zu einem Fenster hinaus, kam davon und floh in ein anderes Haus. Das Schloß aber brannte vom Boden hinweg. Niemand war in größerer Angst als die Schildbürger, da sie den Maushund nicht loswerden konnten. Sie hielten aufs neue Rat, kauften das Haus, in dem die Katze jetzt war, und zündeten es auch an. Aber die Katze entsprang auf ein Dach; da saß sie eine Weile und putzte sich nach ihrer Gewohnheit mit der Tatze den Kopf; die Schildbürger aber meinten, der Maushund hebe die Hand auf und schwöre, daß er solches nicht ungerächt lassen wolle. Da nahm einer einen langen Spieß, um damit nach der Katze zu stechen. Sie aber ergriff den Spieß und fing an, an demselben herabzulaufen. Darüber entsetzten sich die Bürger und die ganze Gemeinde, liefen davon und ließen das Feuer brennen. Dieses verzehrte das ganze Dorf bis auf ein einziges Haus; die Katze aber kam gleichwohl davon.

[Gustav Schwab]

Der Häuslerssohn und seine Katze

Es waren einmal ein alter Mann und eine alte Frau in ihrer ärmlichen Hütte und ein König und eine Königin in ihrem Reich. Der alte Mann war so geizig, daß er viel Geld zusammengescharrt hatte. Die Leute sagten, er bekomme immer für ein Geldstück zweie. Da wurde er krank und starb. Die beiden Alten hatten zusammen nur einen einzigen Sohn. Er träumte in der ersten Nacht nach seines Vaters Tode von einem Fremden, der zu ihm kam und sprach: »Hier liegst du, dein Vater ist tot, und all sein Reichtum gehört nun dir, denn deine Mutter wird auch bald sterben. Die Hälfte des Geldes aber ist unrechtmäßig erworben und deshalb sollst du die Hälfte unter die Armen verteilen und die andere Hälfte sollst du ins Meer werfen; was aber im Meer schwimmt, nachdem alles andere versunken ist, ob es nun ein Stück Papier oder sonst etwas ist, das sollst du auffischen und gut aufbewahren.«

Dann verschwand der Fremde, und der Sohn wurde wach. Er war nun ganz traurig über diesen Traum und bedachte in seinem Sinn, was er wohl tun solle; denn er wollte doch nicht gern sein Vermögen fortwerfen. Aber endlich kam er doch zu dem Entschluß, die eine Hälfte den Armen zu geben und die andere Hälfte ins Meer zu werfen, und da kam es auch so, wie es der Fremde gesagt hatte: obenauf schwamm etwas. Er holt es und sieht, daß es ein Stück Papier ist, in das sechs Schillinge eingewickelt waren.

Da dachte er nun bei sich: »Was soll ich wohl mit den sechs Schillingen machen, nachdem ich mein großes Vermögen fortgeworfen habe?« Trotzdem steckte er sie zu sich.

Er wurde traurig und bekümmert über seinen Verlust, legte sich zu Bett, stand aber bald wieder auf.

Seine Mutter hatte er nun auch beerdigt und ging traurig fort. Er ging in den Wald hinaus, wanderte lange umher und kam schließlich zu einer ärmlichen Hütte. Er klopfte an, und ein altes Weib machte auf. Er bat darum, ob er denn hierbleiben könne zur Nacht, aber Geld habe er keins.

Das Weib sagte, deshalb möge er ruhig hereinkommen. Er kam auch, und man gab ihm zu essen. Es waren nur zwei Frauen und drei Männer im Hause, sie sprachen wenig und schienen ruhige Leute zu sein. Er sah auch ein graues, nicht sehr großes Tier drinnen. Er hatte noch nie solch ein Lebewesen gesehen und fragte, wie man denn das Tier nenne. Sie sagten, es heiße »Katze«.

Dann fragte er, ob sie die Katze verkaufen wollten und was sie denn koste. Sie sagten, für sechs Schillinge könne er sie haben. Er kaufte sie auch für seine Schillinge und legte sich dann schlafen. Am andern Morgen nahm er Abschied von den Leuten und steckte die Katze unter seinen Mantel.

Er zog nun den ganzen Tag durch unwegsame Wälder und kam abends zu einem Hof. Er klopfte an, und ein alter Mann kam heraus. Es war der Hausherr, und der Bursche bat ihn um ein Nachtlager, sagte aber auch da wieder, daß er kein Geld habe.

»Dann gibt man dir's umsonst«, sagte der Mann und führte ihn in die Stube. Dort waren noch zwei Männer und zwei Frauen. Es waren die Frau und die Tochter des Hausherrn. Die Katze aber ließ er unter seinem Mantel herausspringen, und alle waren erstaunt über das seltsame Tier, wie sie noch nie zuvor eins gesehen hatten. Er blieb die Nacht hier.

Am andern Morgen sagte man, er solle doch zum König gehen, seine Halle sei nicht weit von hier entfernt. Der König sei gut und sei gewiß freundlich zu ihm. Das tat er auch.

Er schickte dem König die Botschaft, er möchte ihn gerne

aufsuchen, und der König bat ihn, hereinzukommen in seine Halle. Und er kam auch.

Als er hereinkam, saßen alle Leute bei Tisch. Er begrüßte den König und seine Hofleute, war aber sehr verwundert, als er eine endlose Anzahl kleiner Tiere in der Halle herumlaufen sah. Die kamen so nahe zum König und seinen Hofleuten, daß sie auf Tisch und Teller herumsprangen und alles wegnahmen, ja sie bissen den König sogar in die Hände, und er hatte keine Ruhe vor ihnen. Die Hände des Königs waren ganz blutig, und sie wußten sich keinen Rat, sich gegen diese bösen Tiere zu wehren.

Der Bursche fragte, was das denn sei und wie die Tiere hießen. Der König sagte, sie hießen »Ratten« und quälten ihn schon viele Jahre, er wisse sich nicht zu helfen gegen sie.

Da sprang die Katze aus dem Mantel heraus und ging auf die Ratten los. Etliche biß sie tot und die übrigen jagte sie fort aus der Halle.

Da waren der König und seine Hofleute ganz erstaunt und fragten, was denn das für ein Tier sei. Der Bursche sagte, es sei eine »Katze« und er habe sie für sechs Schillinge gekauft.

Da sagte der König: »Weil du gekommen bist und du ein Glück gebracht hast, sollst du wählen dürfen, was du lieber willst: Ob du mein erster Minister sein willst oder aber ob du meine Tochter heiraten und mein Erbe sein willst.« Der Bursche sagte, er wolle lieber die Tochter und das Reich. Da wurde Hochzeit gehalten, und als alles vorbei war, schickte er Boten zu den Bauern, bei denen er übernachtet hatte, und sie wurden seine Minister, als er selbst König geworden war.

[Märchen aus Island]

Die Waldmaus und die Wildkatze

Was ist das dort unten im Haselnußgesträuch, liebes Mütterchen?« fragte ein junges Mäuslein sein Mütterchen. »Wo denn, zum Kuckuck?«

»Na, dort unten mein' ich. Ich klaube Haselnüsse auf, kommt dir plötzlich dahergerannt so ein kleines, aber schreckliches Tier; ist einem Hasen ähnlich, ist aber doch kein Hase. Ja, wahrhaftig, hätt' ich mich nicht flugs in einen hohlen Haselstock hineingeflüchtet, beinahe hätt's mich mit Haut und Haaren verschlungen.«

»So komm mit mir, will doch auch sehen, was das ist.«

Sie gingen hin. Auf einmal standen sie vor der Wildkatze, und hast du's nicht gesehen, nicht länger dauerte es, als bis eines »was« sagen könnte, rief das Mäuschen dem Mütterchen zu: »Das ist sie!« sprang die Katze und hat es schon, das kleine Mäuslein.

Da fragte die alte Maus von der Staude herab die Wildkatze: »Warum hast du mir nun mein Kind umgebracht, es hat dir ja in seinem Leben nie etwas in den Weg gelegt? Was hast du da im Haselgesträuch zu suchen, du ißt ja keine Haselnüsse?«

»Bei Gott«, erwiderte die Wildkatze, »jeder geht seiner Jagd nach. Eß ich keine Haselnüsse, so jag ich dafür, was Haselnüsse ißt. Wenn's dir um deinen Sohn leid tut, komm ein wenig herab, da wollen wir's ausmachen; will dich doch auch einmal fragen, was dir die Haselnüsse in den Weg gelegt haben, daß du sie immer beknusperst und ißt?«

»Bei Gott, ich geh' nicht, denn ich kenne und sehe deine Gerechtigkeit.«

[Südslawisches Märchen]

Katze und Maus in Gesellschaft

Eine Katze hatte Bekanntschaft mit einer Maus gemacht und ihr so viel von der großen Liebe und Freundschaft vorgesagt, die sie zu ihr trüge, daß die Maus endlich einwilligte, mit ihr zusammen in einem Haus zu wohnen und gemeinschaftliche Wirtschaft zu führen. »Aber für den Winter müssen wir Vorsorge tragen, sonst leiden wir Hunger«, sagte die Katze, »du Mäuschen, kannst dich nicht überall hinwagen und gerätst mir am Ende in eine Falle.«

Der gute Rat wurde also befolgt und ein Töpfchen mit Fett angekauft. Sie wußten aber nicht, wo sie es hinstellen sollten; endlich nach langer Überlegung sprach die Katze: »Ich weiß keinen Ort, wo es besser aufgehoben wäre als die Kirche, da getraut sich niemand etwas wegzunehmen: Wir stellen es unter den Altar und rühren es nicht eher an, als bis wir es nötig haben.«

Das Töpfchen wurde also in Sicherheit gebracht, aber es dauerte nicht lange, so trug die Katze Gelüsten danach und sprach zur Maus: »Was ich dir sagen wollte, Mäuschen, ich bin von meiner Base zu Gevatter gebeten: sie hat ein Söhnchen zur Welt gebracht, weiß mit braunen Flecken, das soll ich über die Taufe halten. Laß mich heute ausgehen und besorge du das Haus allein.«

»Ja, ja«, antwortete die Maus, »geh in Gottes Namen, wenn du was Gutes ißt, so denk an mich: Von dem süßen roten Kindbettwein tränk ich auch gerne ein Tröpfchen.«

Es war aber alles nicht wahr, die Katze hatte keine Base und war nicht zu Gevatter gebeten. Sie ging geradewegs zu der Kirche, schlich zu dem Fettöpfchen, fing an zu lecken und leckte die fette Haut ab. Dann machte sie einen Spaziergang auf den

Dächern der Stadt, besah sich die Gelegenheit, streckte sich hernach in der Sonne aus und wischte sich den Bart, sooft sie an das Fettöpfchen dachte. Erst als es Abend war, kam sie wieder nach Haus. »Nun, da bist du ja wieder«, sagte die Maus, »du hast gewiß einen lustigen Tag gehabt.«

»Es ging wohl an«, antwortete die Katze. »Was hat denn das Kind für einen Namen bekommen?« fragte die Maus. »Hautab«, sagte die Katze ganz trocken. »Hautab«, rief die Maus, »das ist ja ein wunderlicher und seltsamer Name, ist der in eurer Familie gebräuchlich?«

»Was ist da weiter«, sagte die Katze, »er ist nicht schlechter als Bröseldieb, wie deine Paten heißen.«

Nicht lange danach überkam die Katze wieder ein Gelüsten. Sie sprach zur Maus: »Du mußt mir den Gefallen tun und nochmals das Hauswesen allein besorgen, ich bin zum zweitenmal zu Gevatter gebeten, und da das Kind einen weißen Ring um den Hals hat, so kann ich's nicht absagen.« Die gute Maus willigte ein, die Katze aber schlich hinter der Stadtmauer zu der Kirche und fraß den Fettopf halb aus. »Es schmeckt nichts besser«, sagte sie, »als was man selber ißt«, und war mit ihrem Tagewerk ganz zufrieden.

Als sie heimkam, fragte die Maus: »Wie ist denn dieses Kind getauft worden?«

»Halbaus«, antwortete die Katze. »Halbaus! Was du sagst! Den Namen habe ich mein Lebtag noch nicht gehört, ich wette, der steht nicht in dem Kalender.«

Der Katze wässerte das Maul bald wieder nach dem Leckerwerk. »Aller guten Dinge sind drei«, sprach sie zu der Maus, »da soll ich wieder Gevatter stehen, das Kind ist ganz schwarz und hat bloß weiße Pfoten, sonst kein weißes Haar am ganzen Leib, das trifft sich alle paar Jahr nur einmal: du lassest mich doch ausgehen?«

»Hautab! Halbaus!« antwortete die Maus, »es sind so kuriose Namen, die machen mich so nachdenklich.«

»Da sitzest du daheim in deinem dunkelgrauen Flausrock und deinem langen Haarzopf«, sprach die Katze, »und fängst Grillen: das kommt davon, wenn man bei Tage nicht ausgeht.«

Die Maus räumte während der Abwesenheit der Katze auf und brachte das Haus in Ordnung, die naschhafte Katze aber fraß den Fettopf rein aus. »Wenn erst alles aufgezehrt ist, so hat man Ruhe«, sagte sie zu sich selbst und kam satt und dick erst in der Nacht nach Haus. Die Maus fragte gleich nach dem Namen, den das dritte Kind bekommen hätte. »Er wird dir wohl auch nicht gefallen«, sagte die Katze, »er heißt Ganzaus.«

»Ganzaus«, rief die Maus, »das ist der allerbedenklichste Name, gedruckt ist er mir noch nicht vorgekommen. Ganzaus! Was soll das bedeuten?« Sie schüttelte den Kopf, rollte sich zusammen und legte sich schlafen.

Von nun an wollte niemand mehr die Katze zu Gevatter bitten, als aber der Winter herangekommen und draußen nichts mehr zu finden war, gedachte die Maus ihres Vorrats und sprach: »Komm, Katze, wir wollen zu unserm Fettopf gehen, den wir uns aufgespart haben, der wird uns schmecken.«

»Jawohl«, antwortete die Katze, »der wird dir schmecken, als wenn du deine feine Zunge zum Fenster hinausstreckst.«

Sie machten sich auf den Weg, und als sie anlangten, stand zwar der Fettopf noch an seinem Platz, er war aber leer. »Ach«, sagte die Maus, »jetzt merke ich, was geschehen ist, jetzt kommt's an den Tag, du bist mir die wahre Freundin! Aufgefressen hast du alles, wie du zu Gevatter gestanden bist: erst Haut ab, dann halb aus, dann ...«

»Willst du schweigen«, rief die Katze, »noch ein Wort, und ich fresse dich auf.«

»Ganz aus«, hatte die arme Maus schon auf der Zunge, kaum war es heraus, so tat die Katze einen Satz nach ihr, packte sie und schluckte sie hinunter. Siehst du, so geht's in der Welt.

[Märchen der Brüder Grimm]

Der Fuchs und die Katze

Es trug sich zu, daß die Katze in einem Wald dem Herrn Fuchs begegnete, und weil sie dachte: »Er ist gescheit und wohl erfahren und gilt viel in der Welt«, so sprach sie ihm freundlich zu. »Guten Tag, lieber Herr Fuchs, wie geht's, wie steht's? Wie schlagt Ihr Euch durch in dieser teuren Zeit?«

Der Fuchs, alles Hochmutes voll, betrachtete die Katze von Kopf bis zu Füßen und wußte lange nicht, ob er eine Antwort geben sollte. Endlich sprach er: »O du armseliger Bartputzer, du buntscheckiger Narr, du Hungerleider und Mäusejäger, was kommt dir in den Sinn? Du unterstehst dich zu fragen, wie mir's gehe? Was hast du gelernt? Wieviel Künste verstehst du?«

»Ich verstehe nur eine einzige«, antwortete bescheidentlich die Katze.

»Was ist das für eine Kunst?« fragte der Fuchs.

»Wenn die Hunde hinter mir her sind, so kann ich auf einen Baum springen und mich retten.«

»Ist das alles?« sagte der Fuchs. »Ich bin Herr über hundert Künste und habe überdies noch einen Sack voll Listen. Du jammerst mich, komm mit mir, ich will dich lehren, wie man den Hunden entgeht.«

Indem kam ein Jäger mit vier Hunden daher. Die Katze sprang behend auf einen Baum und setzte sich in den Gipfel, wo Äste und Laubwerk sie völlig verbargen. »Bindet den Sack auf, Herr Fuchs, bindet den Sack auf«, rief ihm die Katze zu, aber die Hunde hatten ihn schon gepackt und hielten ihn fest. »Ei, Herr

Fuchs«, rief die Katze, »Ihr bleibt mit Euern hundert Künsten stecken. Hättet Ihr heraufkriechen können wie ich, so wär's nicht um Euer Leben geschehen.«

[Märchen der Brüder Grimm]

Lebensansichten des Katers Murr
(Auszug)

Vorwort

Mit der Sicherheit und Ruhe, die dem wahren Genie angeboren, übergebe ich der Welt meine Biographie, damit sie lerne, wie man sich zum großen Kater bildet, meine Vortrefflichkeit im ganzen Umfange erkenne, mich liebe, schätze, ehre, bewundere und ein wenig anbete. Sollte jemand verwegen genug sein, gegen den gediegenen Wert des außerordentlichen Buchs einige Zweifel erheben zu wollen, so mag er bedenken, daß er es mit einem Kater zu tun hat, der Geist, Verstand besitzt, und scharfe Krallen.

Berlin, im Mai (18–) Murr

(Homme de lettres très renommé)

O Natur, heilige, hehre Natur! Wie durchströmt all deine Wonne, all dein Entzücken meine bewegte Brust, wie umweht mich dein geheimnisvoll säuselnder Atem! – Die Nacht ist etwas frisch, und ich wollte – doch jeder, der dies lieset oder nicht lieset, begreift nicht meine hohe Begeisterung, denn er kennt nicht den hohen Standpunkt, zu dem ich mich hinaufgeschwungen! – Hinaufgeklettert wäre richtiger, aber kein Dichter spricht von seinen Füßen, hätte er auch deren viere so wie ich, sondern nur von seinen Schwingen, sind sie ihm auch nicht angewachsen, sondern nur Vorrichtung eines geschickten Mechanikers.

Über mir wölbt sich der weite Sternenhimmel, der Vollmond wirft seine funkelnden Strahlen herab, und in feurigem Silberglanz stehen Dächer und Türme um mich her! Mehr und mehr verbraust das lärmende Gewühl unter mir in den Straßen, stiller und stiller wird die Nacht – die Wolken ziehen – eine einsame Taube flattert in bangen Liebesklagen girrend um den Kirchturm! – Wie! – wenn die liebe Kleine sich mir nähern wollte? – Ich fühle wunderbar es sich in mir regen, ein gewisser schwärmerischer Appetit reißt mich hin mit unwiderstehlicher Gewalt! – O käme sie, die süße Huldin, an mein liebeskrankes Herz wollt' ich sie drücken, sie nimmer von mir lassen – ha, dort flattert sie hinein in den Taubenschlag, die Falsche, und läßt mich hoffnungslos sitzen auf dem Dache! – Wie selten ist doch in dieser dürftigen, verstockten, liebeleeren Zeit wahre Sympathie der Seelen. –

Ist denn das auf zwei Füßen aufrecht Einhergehen etwas so Großes, daß das Geschlecht, welches sich Mensch nennt, sich die Herrschaft über uns alle, die wir mit sichererem Gleichgewicht auf vieren daherwandeln, anmaßen darf? Aber ich weiß es, sie bilden sich was Großes ein auf etwas, was in ihrem Kopfe sitzen soll und das sie die Vernunft nennen. Ich weiß mir keine rechte Vorstellung zu machen, was sie darunter verstehen, aber so viel ist gewiß, daß, wenn, wie ich es aus gewissen Reden meines Herrn und Gönners schließen darf, Vernunft nichts anders heißt, als die Fähigkeit, mit Bewußtsein zu handeln und keine dummen Streiche zu machen, ich mit keinem Menschen tausche. –

Ich glaube überhaupt, daß man sich das Bewußtsein nur angewöhnt; durch das Leben und zum Leben kommt man doch, man weiß selbst nicht wie. Wenigstens ist es mir so gegangen, und wie ich vernehme, weiß auch kein einziger Mensch auf Erden das Wie und Wo seiner Geburt aus eigner Erfahrung, sondern nur durch Tradition, die noch dazu öfters sehr unsicher ist. […]

Nichts zog mich in des Meisters Zimmer mehr an als der mit Büchern, Schriften und allerlei seltsamen Instrumenten bepackte Schreibtisch. Ich kann sagen, daß dieser Tisch ein Zauberkreis war, in den ich mich gebannt fühlte, und doch empfand ich eine gewisse heilige Scheu, die mich abhielt, meinem Triebe ganz mich hinzugeben.

Endlich eines Tages, als eben der Meister abwesend war, überwand ich meine Furcht und sprang herauf auf den Tisch. Welche Wollust, als ich nun mitten unter den Schriften und Büchern saß und darin wühlte. Nicht Mutwille, nein, nur Begier, wissenschaftlicher Heißhunger war es, daß ich mit den Pfoten ein Manuskript erfaßte und so lange hin und her zauste, bis es in kleine Stücke zerrissen vor mir lag.

Der Meister trat hinein, sah, was geschehen, stürzte mit dem kränkenden Ausruf: »Bestie, vermaledeite!« auf mich los und prügelte mich mit dem Birkenreis so derb ab, daß ich mich, winselnd vor Schmerz, unter den Ofen verkroch und den ganzen Tag über durch kein freundliches Wort wieder hervorzulocken war. Wen hätte dies Ereignis nicht abgeschreckt auf immer, selbst die Bahn zu verfolgen, die ihm die Natur vorgezeichnet!

Aber kaum hatte ich mich ganz erholt von meinen Schmerzen, als ich, meinem unwiderstehlichen Drange folgend, wieder auf den Schreibtisch sprang. Freilich war ein einziger Ruf meines Meisters, ein abgebrochner Satz wie zum Beispiel »Will er!« – hinlänglich, mich wieder herabzujagen, so daß es nicht zum Studieren kam; indessen wartete ich ruhig auf einen günstigen Moment, meine Studien anzufangen, und dieser trat denn auch bald ein. Der Meister rüstete sich eines Tages zum Ausgehen, alsbald versteckte ich mich so gut im Zimmer, daß er mich nicht fand, als er, eingedenk des zerrissenen Manuskripts, mich herausjagen wollte.

Kaum war der Meister fort, so sprang ich mit einem Satz auf den Schreibtisch und legte mich mitten hinein in die Schriften, welches mir ein unbeschreibliches Wohlgefallen verursachte. Geschickt schlug ich mit der Pfote ein ziemlich dickes Buch auf, welches vor mir lag, und versuchte, ob es mir nicht möglich sein würde, die Schriftzeichen darin zu verstehen. Das gelang mir zwar anfangs ganz und gar nicht, ich ließ aber gar nicht ab, sondern starrte hinein in das Buch, erwartend, daß ein ganz besonderer Geist über mich kommen und mich das Lesen lehren werde.

So vertieft, überraschte mich der Meister. Mit einem lauten: »Seht die verfluchte Bestie«, sprang er auf mich zu. Es war zu spät, mich zu retten, ich kniff die Ohren an, ich duckte mich nieder, so gut es gehen wollte, ich fühlte schon die Rute auf meinem Rücken. Aber die Hand schon aufgehoben, hielt der Meister plötzlich inne, schlug eine helle Lache auf und rief: »Kater – Kater, du liesest? Ja, das kann, das will ich dir nicht verwehren. Nun sieh – sieh! – was für ein Bildungstrieb dir innewohnt.« – Er zog mir das Buch unter den Pfoten weg, schaute hinein und lachte noch unmäßiger als vorher. »Das muß ich sagen«, sprach er dann, »ich glaube gar, du hast dir eine kleine Handbibliothek angeschafft, denn ich wüßte sonst gar nicht, wie das Buch auf meinen Schreibtisch kommen sollte? – Nun, lies nur – studiere fleißig, mein Kater, allenfalls magst du auch die wichtigen Stellen im Buche durch sanfte Einrisse bezeichnen, das stelle ich dir frei!« –

Damit schob er mir das Buch aufgeschlagen wieder hin. Es war, wie ich später erfuhr, Knigge: »Über den Umgang mit Menschen«, und ich habe aus diesem herrlichen Buch viel Lebensweisheit geschöpft. Es ist so recht aus meiner Seele geschrieben und paßt überhaupt für Kater, die in der menschlichen Gesellschaft etwas gelten wollen, ganz ungemein. Diese Tendenz des Buchs ist, soviel ich weiß, bisher übersehen und daher zuweilen das falsche Urteil gefällt worden, daß der Mensch, der sich ganz genau an die im Buch aufgestellten Regeln halten wolle, notwendig überall als ein steifer herzloser Pedant auftreten müsse.

Seit dieser Zeit litt mich der Meister nicht allein auf dem Schreibtisch, sondern er sah es sogar gern, wenn ich, arbeitete er selbst, heraufsprang und mich vor ihm unter die Schriften hinlagerte.

Meister Abraham hatte die Gewohnheit, oftmals viel hintereinander laut zu lesen. Ich unterließ dann nicht, mich so zu postieren, daß ich ihm ins Buch sehen konnte, welches bei den scharfblickenden Augen, die mir die Natur verliehen, möglich war, ohne ihm beschwerlich zu fallen. Dadurch, daß ich die Schriftzeichen mit den Worten verglich, die er aussprach, lernte ich in kurzer Zeit lesen, und wem dies etwa unglaublich vorkommen möchte, hat keinen Begriff von dem ganz besonderen Ingenium, womit mich die Natur ausgestattet. Genies, die mich verstehen und mich würdigen, werden keine Zweifel hegen rücksichts einer Art Ausbildung, die vielleicht der ihrigen gleich ist.

Dabei darf ich auch nicht unterlassen, die merkwürdige Beobachtung mitzuteilen, die ich rücksichts des vollkommenen Verstehens der menschlichen Sprache gemacht. Ich habe nämlich mit vollem Bewußtsein beobachtet, daß ich gar nicht weiß, wie ich zu diesem Verstehen gekommen bin. Bei den Menschen soll dies auch der Fall sein, das nimmt mich aber gar nicht wunder, da dies Geschlecht in den Jahren der Kindheit beträchtlich dümmer und unbeholfener ist als wir. Als ein ganz kleines Käterchen ist es mir niemals geschehen, daß ich mir selbst in die Augen gegriffen, ins Feuer oder ins Licht gefaßt oder Stiefelwichse statt Kirschmus gefressen, wie das wohl bei kleinen Kindern zu geschehen pflegt.

Wie ich nun fertiglas und ich mich täglich mehr mit fremden Gedanken vollstopfte, fühlte ich den unwiderstehlichsten Drang, auch meine eignen Gedanken, wie sie der mir inwohnende Genius gebar, der Vergessenheit zu entreißen, und dazu gehörte nun allerdings die freilich sehr schwere Kunst des Schreibens. So aufmerksam ich auch meines Meisters Hand, wenn er schrieb, beobachten mochte, durchaus wollte es mir doch nicht gelingen, ihm die eigentliche Mechanik abzulauren. Ich studierte den alten Hilmar Curas, das einzige Schreibevorschriftsbuch, welches mein Meister besaß, und wäre beinahe auf den Gedanken geraten, daß die rätselhafte Schwierigkeit des Schreibens nur durch die große Manschette gehoben werden könne, welche die darin abgebildete schreibende Hand trägt, und daß es nur besonders erlangte Fertigkeit sei, wenn mein Meister ohne Manschette schriebe, so wie der geübte Seiltänzer zuletzt nicht mehr der Balancierstange bedarf. Ich trachtete begierig nach Manschetten und war im Begriff, die Dormeuse der alten Haushälterin für meine rechte Pfote zuzureißen und zu aptieren, als mir plötzlich in einem Moment der Begeisterung, wie es bei Genies zu geschehen pflegt, der geniale Gedanke einkam, der alles löste.

Ich vermutete nämlich, daß die Unmöglichkeit, die Feder, den Stift so zu halten wie mein Meister, wohl in dem verschiedenen Bau unserer Hände liegen könne, und diese Vermutung traf ein. Ich mußte eine andere, dem Bau meines rechten Pfötchens angemessene Schreibart erfinden und erfand sie wirklich, wie man wohl denken mag. – So entstehen aus der besonderen Organisation des Individuums neue Systeme. –

Eine zweite böse Schwierigkeit fand ich in dem Eintunken der Feder in das Tintenfaß. Nicht glücken wollt' es mir nämlich, bei dem Eintunken das Pfötchen zu schonen, immer kam es mit hinein in die Tinte, und so konnte es nicht fehlen, daß die ersten Schriftzüge, mehr mit der Pfote als mit der Feder gezeichnet, etwas groß und breit gerieten. Unverständige mochten daher meine ersten Manuskripte beinahe nur für mit Tinte beflecktes Papier ansehen. Genies werden den genialen Kater in seinen ersten Werken leicht erraten und über die Tiefe, über die Fülle des Geistes, wie er zuerst aus unversiegbarer Quelle aussprudelte, erstaunen, ja ganz außer sich geraten.

Damit die Welt sich dereinst nicht zanke über die Zeitfolge meiner unsterblichen Werke, will ich hier sagen, daß ich zuerst den philosophisch sentimental didaktischen Roman schrieb: »Gedanke und Ahnung oder Kater und Hund«. Schon dieses Werk hätte ungeheures Aufsehen machen können. Dann, in allen Sätteln gerecht, schrieb ich ein politisches Werk unter dem Titel: »Über Mausefallen und deren Einfluß auf Gesinnung und Tatkraft der Katzheit«, hierauf fühlt' ich mich begeistert zu der Tragödie: »Rattenkönig Kawdallor«. Auch diese Tragödie hätte auf allen nur erdenklichen Theatern unzähligemal mit dem lärmendsten Beifall gegeben werden können. Den Reihen meiner sämtlichen Werke sollen diese Erzeugnisse meines hoch emporstrebenden Geistes eröffnen, über den Anlaß, sie zu schreiben, werde ich mich gehörigen Orts auslassen können.

Als ich die Feder besser zu halten gelernt, als das Pfötchen rein blieb von Tinte, wurde auch freilich mein Stil anmutiger, lieblicher, heller, ich legte mich ganz vorzüglich auf Musenalmanache, schrieb verschiedene freundliche Schriften und wurde übrigens sehr bald der liebenswürdige gemütliche Mann, der ich noch heute bin. [...]

Des Märzen Idus war angebrochen, die schönen milden Strahlen der Frühlingssonne fielen auf das Dach, und ein sanftes Feuer durchglühte mein Inneres. Schon seit ein paar Tagen hatte mich eine unbeschreibliche Unruhe, eine unbekannte wunderbare Sehnsucht geplagt, – jetzt wurde ich ruhiger, doch nur um bald in einen Zustand zu geraten, den ich niemals geahnt! –

Aus einer Dachluke, unfern von mir, stieg leis und linde ein Geschöpf heraus, – o, daß ich es vermöchte, die Holdeste zu malen! – Sie war ganz weiß gekleidet, nur ein kleines schwarzes

Samtkäppchen bedeckte die niedliche Stirn, so wie sie auch schwarze Strümpfchen an den zarten Beinen trug. Aus dem lieblichsten Grasgrün der schönsten Augen funkelte ein süßes Feuer, die sanften Bewegungen der feingespitzten Ohren ließen ahnen, daß Tugend in ihr wohne und Verstand, so wie das wellenförmige Ringeln des Schweifs hohe Anmut aussprach und weiblichen Zartsinn! –

Das holde Kind schien mich nicht zu erschauen, es blickte in die Sonne, blinzelte und nieste. – O, der Ton durchbebte mein Innerstes mit süßen Schauern, meine Pulse schlugen – mein Blut wallte siedend durch alle Adern, – mein Herz wollte zerspringen –, alles unnennbar schmerzliche Entzücken, das mich außer mir selbst setzte, strömte heraus in dem lang gehaltenen Miau! das ich ausstieß.

Schnell wandte die Kleine den Kopf nach mir, blickte mich an, Schreck, kindliche süße Scheu in den Augen. – Unsichtbare Pfoten rissen mich hin zu ihr mit unwiderstehlicher Gewalt – aber sowie ich auf die Holde lossprang, um sie zu erfassen, war sie, schnell wie der Gedanke, hinter dem Schornstein verschwunden! – Ganz Wut und Verzweiflung, rannte ich auf dem Dache umher und stieß die kläglichsten Töne aus, alles umsonst – sie kam nicht wieder! – Ha, welcher Zustand! – mir schmeckte kein Bissen, die Wissenschaften ekelten mich an, ich mochte weder lesen noch schreiben.

»Himmel!« rief ich andern Tages aus, als ich die Holde überall gesucht auf dem Dache, auf dem Boden, in dem Keller, in allen Gängen des Hauses, und nun trostlos heimkehrte, als, da ich die Kleine beständig in Gedanken, mich nun selbst der Bratfisch, den mir der Meister hingesetzt, aus der Schüssel anstarrte mit ihren Augen, so daß ich laut rief im Wahnsinn des Entzückens: »Bist du es, Langersehnte«, und ihn auffraß mit einem Schluck: ja, da rief ich: »Himmel, o Himmel! Sollte das Liebe sein?« Ich wurde ruhiger, ich beschloß als ein Jüngling von Erudition, mich über meinen Zustand ganz ins klare zu setzen, und begann sogleich, wiewohl mit Anstrengung, den Ovid: »De arte amandi« durchzustudieren, sowie Mansos' »Kunst zu lieben«, aber keines von den Kennzeichen eines Liebenden, wie es in diesen Werken angegeben, wollte recht auf mich passen.

Endlich fuhr es mir plötzlich durch den Sinn, daß ich in irgendeinem Schauspiel* gelesen, ein gleichgültiger Sinn und ein verwilderter Bart seien sichere Kennzeichen eines Verliebten! – Ich schaute in einen Spiegel, Himmel, mein Bart war verwildert! – Himmel, mein Sinn war gleichgültig!

Da ich nun wußte, daß es seine Richtigkeit hatte mit meinem Verliebtsein, kam Trost in meine Seele. Ich beschloß, mich gehörig mit Speis' und Trank zu stärken und dann die Kleine aufzusuchen, der ich mein ganzes Herz zugewandt. Eine süße Ahnung sagte mir, daß sie vor der Türe des Hauses sitze, ich stieg die Treppe herab und fand sie wirklich! – O welch ein Wiedersehen! – wie wallte in meiner Brust das Entzücken, die unnennbare Wonne des Liebesgefühls.

Miesmies, so wurde die Kleine geheißen, wie ich von ihr später erfuhr, Miesmies saß da in zierlicher Stellung auf den Hinterfüßen und putzte sich, indem sie mit den Pfötchen mehrmals über die Wangen, über die Ohren fuhr. Mit welcher unbeschreiblichen Anmut besorgte sie vor meinen Augen das, was Reinlichkeit und Eleganz erfordern, sie bedurfte nicht schnöder Toilettenkünste, um die Reize, die ihr die Natur verliehen, zu erhöhen! Bescheidner als das erstemal nahte ich mich ihr, setzte mich zu ihr hin! – Sie floh nicht, sie sah mich an, mit forschendem Blick, und schlug dann die Augen nieder. – »Holdeste«, begann ich leise, »sei mein!«

* Der Kater meint Shakespeares »Wie es euch gefällt«, dritter Aufzug, zweite Szene. A. d. H.

»Kühner Kater«, erwiderte sie verwirrt, »kühner Kater, wer bist du? Kennst du mich denn? – Wenn du aufrichtig bist, so wie ich, und wahr, so sage und schwöre mir, daß du mich wirklich liebst.«

»O«, rief ich begeistert, »ja bei den Schrecken des Orkus, bei dem heiligen Mond, bei allen sonstigen Sternen und Planeten, die künftige Nacht scheinen werden, wenn der Himmel heiter, schwöre ich dir's, daß ich dich liebe!«

»Ich dich auch«, lispelte die Kleine und neigte in süßer Verschämtheit das Haupt mir zu. Ich wollte sie voll Inbrunst umpfoten, da sprangen aber mit teuflischem Geknurre zwei riesige Kater auf mich los, zerbissen, zerkratzten mich kläglich und wälzten mich zum Überfluß noch in die Gosse, so daß das schmutzige Spülwasser über mir zusammenschlug. Kaum könnt' ich mich aus den Krallen der mordlustigen Bestien retten, die meinen Stand nicht achteten, mit vollem Angstgeschrei lief ich die Treppe herauf.

Als der Meister mich erblickte, rief er, laut lachend: »Murr, Murr, wie siehst du aus? Ha, ha! ich merke schon, was geschehen, du hast Streiche machen wollen, wie ›der im Irrgarten der Liebe herumtaumelnde Kavalier‹, und dabei ist's dir übel ergangen!«

Und dabei brach der Meister zu meinem nicht geringen Verdruß aufs neue aus in ein schallendes Gelächter. Der Meister hatte ein Gefäß mit lauwarmem Wasser füllen lassen, darein stülpte er mich ohne Umstände einigemal ein, so daß mir vor Niesen und Prusten Hören und Sehen verging, wickelte mich dann fest in Flanell ein und legte mich in meinen Korb. Ich war beinahe besinnungslos vor Wut und Schmerz, ich vermochte kein Glied zu rühren. Endlich wirkte die Wärme wohltätig auf mich, ich fühlte meine Gedanken sich ordnen. »Ha«, klagte ich, »welch neue bittere Täuschung des Lebens! – Das ist also die Liebe, die ich schon so herrlich besungen, die das Höchste sein, die uns mit namenloser Wonne erfüllen, die uns in den Himmel tragen soll! – Ha! – mich hat sie in die Gosse geworfen! – ich entsage einem Gefühl, das mir nichts eingebracht als Bisse, ein abscheuliches Bad und niederträchtige Einmummung in schnöden Flanell!«

[E.T.A. Hoffmann]

Die weise Mutter-Katze

In den Märchen dieses Kapitels vertritt die sprechende weibliche Katze noch eine mahnende gute Gottheit, die archetypische Magna Mater. Die Katze besitzt die Gabe der Weissagung, sie weiß und spricht die Wahrheit und richtet die Menschen. Sie trägt mütterliche Züge, sie bietet Nahrung, Kleidung und Schutz dem Menschenkind. Sie erscheint auch als gute Fee und belohnt den Menschen mit Zaubergaben.

Beim Holunderbaum

An einem heißen Wochentag nachmittags sind einmal drei bäuerliche Weiber unter einem Holunderbaum gesessen und haben Leute ausgerichtet. Da sagt die erste von den Weibern: »Es ist eine regelrechte Schweinerei, wie es auf der Alm oben zugeht. Da wird getrunken und gefressen, der Lustbarkeit nachgegangen und getanzt, und wenn es Nacht wird, steigen sie auf das Heu hinauf, um dort herumzuspringen. Kein Wunder, daß der Teufel selbst einmal gekommen ist und mit seinem Bockfuß nimmer abgehen wollte.«

Die anderen zwei Weiber gaben der ersten recht, und dann ist es mäuschenstill geworden. Es hatte den Anschein, als wollten alle drei Frauen ein wenig nachdenken. Wie es da so schön still ist, fährt ein zarter Wind durch den Holunderbaum, und eine Katze, die auf einem Ast oben saß, hat angefangen zu reden: »Weib, sei nur still. Als du jung gewesen bist, bist du auch auf die Alm hinaufgestiegen und hast getanzt, getrunken und Lärm gemacht. Und nun, da du alt wirst, möchtest du nichts mehr wissen und nur noch über die Jungen losziehen.«

Eine von den Frauen hat genau verstanden, was die Katze auf dem Holunderbaum gesagt hat. Den anderen beiden hingegen kam es nur vor, als wäre ein leichter Wind durch den Baum gezogen. Es geht eine kleine Zeitspanne um, da fängt das zweite Weib an zu reden: »Im Grunde ist es eine Viecherei, wie es die Leute heutzutage treiben. Am Markt habe ich eine gesehen, die hat faule Kastanien unter die guten gegeben, und zwischen den frischen Eiern hat sie alte darunter gehabt. Das hätte es in meiner Jugend nicht gegeben, das wäre uns zu schlecht gewesen.

Und wenn die Sache aufkäme, möchte ich diese Schande nicht auf mir lasten lassen.«

Die anderen zwei gaben ihr recht, alle drei begannen über die falschen Weiber von heutzutage loszuziehen, und dann ist es wieder still geworden. Da kommt wieder ein zarter Wind, und die Katze auf dem Holunderbaum fängt wieder an zu reden: »Sei doch nicht so falsch, Weib, und gib dich nicht besser, als du bist. Faule Kastanien hast du auch schon unter die guten getan, und die Eier, die du als frisch hergegeben hast, sind auch nicht immer die besten gewesen. Schaue lieber auf dich selber und laß andere Leute in Ruh!«

Diesmal ist es dann die zweite von den Frauen gewesen, die diese Stimme verstanden hat. Dagegen ist den anderen bloß vorgekommen, als striche ein zarter Wind durch den Holunderbaum.

Es geht wieder eine Zeitspanne um, da fangen die Frauen wieder an zu erzählen. Und diesmal ist es die dritte gewesen, die recht bös über eine junge Nachbarin losgezogen hat: »Es ist ein regelrechter Grausen, was sich einige junge Bäuerinnen heutzutage erlauben. Mit einer Seelenruhe befehlen sie den Mägden, nach dem Feierabend noch einmal zu arbeiten anzufangen. Außerdem: die Milch wird nur mehr abgetrieben (entrahmt) auf den Tisch gestellt, und in den Wein für die Nachmittagspause geben sie die Hälfte Wasser hinein. Schämen täte ich mich, und zu schlecht wären mir derlei Dinge sowieso.«

Da sie fertig geschimpft hat, kommt wieder ein zarter Wind durch den Holunderbaum gefahren, und das Kätzlein auf dem Ast oben fängt wiederum zu reden an: »Schäm dich, Weib, nur immer über die Nachbarinnen so loszuziehen und selbst um kein Haar besser zu sein. Ihr alle macht die Mägde nach dem Feierabend noch einmal arbeiten, das ist schon längst bekannt. Auch ihr stellt alle nur entrahmte Milch auf den Tisch, und was das Wasser in den Haustrunk anbelangt, da könnt ihr euch alle die Hand geben. Es wäre gut, du selbst würdest dich bessern, Bäuerin, und dann erst über andere Leute herfallen.«

Die dritte von den Weibern hat genau verstanden, was die Katze gesagt hat; den anderen beiden ist es aber wiederum bloß vorgekommen, als zöge ein zarter Wind durch den Holunderbaum.

Da die Sonne über dem Joch steht und bald untergehen will, fällt den Weibern mit einemmal ein, es wäre gut heimzugehen und zu kochen, da eben mit der Zeit die Männer aus dem Wald heimkommen würden. Und dann wäre es allerdings gefehlt, wenn nichts gerichtet wäre.

»Kommt, gehen wir«, sagen sie alle drei zugleich, »und tun wir nicht wie die anderen Weiber im Dorf, die nicht gerne daheim sind und immer auswärts tratschen.« Da fährt wieder ein zartes Windchen durch den Holunderbaum, und das Kätzchen fängt wieder an zu reden: »Schämt euch, Weiber, so schlecht zu sein. Nur ihr wollt den halben Tag mit Tratschen totschlagen. Die anderen Frauen im Dorf sind alle besser.«

Diesmal haben alle drei Frauen verstanden, was die Katze gesagt hatte. Aber sie taten, als wäre nichts geschehen. Und so standen sie auf und taten, als wollten sie gehen. Da sagte die erste zu den anderen: »Morgen käme ich lieber nicht mehr daher unter den Holunderbaum. Es ist so warm da, und er macht nur ganz wenig Schatten.«

Damit war die zweite einverstanden, und sie sagte: »Mir ist auch lieber, wir kommen morgen drüben beim Kirschbaum zusammen. Da unter dem Holunderbaum zieht immer ein Lüftchen, und mir tut der viele Luftzug nicht gut.« Und die dritte ist dann auch einverstanden und meint: »Die Alten haben immer gesagt, unter Holunderbäumen solle man überhaupt nicht sitzen. Auf den Holunderbäumen säßen gerne die Hexen. Und diese tragen gerne weiter, was sie hören.«

Und damit sind die Weiber auch wirklich fortgegangen, also doch endlich heimzu. Keine aber hat der anderen gesagt, was sie vom Kätzchen vernommen hatte. Und so haben sie alle drei geglaubt, sie wären die besten Frauen im Dorf. Ihre eigenen Fehler haben sie doch nicht erkannt, und von den anderen haben sie sie eben nicht gehört. Unter dem Holunderbaum wollten sie allerdings nicht mehr zusammenkommen. Weißt du, da hatten sie doch Angst, das Kätzchen könnte noch mehr wissen und es verraten.

[Märchen aus Südtirol]

Die Katzenmühle

Es war einmal ein Vater, der hatte nur noch eine Tochter, die war siebzehn Jahre alt. Eines Tages heiratete der Vater wieder. Die Stiefmutter aber hatte zwei Töchter, und sie alle haßten die Stieftochter.

Jeden Tag hat die Stieftochter genug Schläge gekriegt und wenig zu essen, wenn nicht von der Stiefmutter, so von den Töchtern.

Eines Tages wurde sie in die verwunschene Katzenmühle geschickt, um Feuer zu holen. Dort hausten fünfzig Weiber, die hatten riesige Katzenschädel. Zum Feuerholen hat sie einen Stiaz* mitgenommen, und als sie bei der Katzenmühle angekommen ist, hat sie ans Gassentor gepocht.

»Naun, naun, raun, raun,
was willst du denn?«

sagen die Katzenweiber.

»Ach, meine lieben Frau'n,
ich bitt um ein wenig Feuer,
ich bin die Stieftochter.«

»Naun, naun, raun, raun,
so komm herein!«

Sie führen sie zu der Alten.

* Dieselben gleichen einer flachen Schale, und es ist in und um Ödenburg heute noch Sitte, Glut für das offene Herdfeuer mittels zweier solcher Deckel aus einem Haus in das andere zu tragen. Dabei wird die Glut in einen der Deckel gelegt und mit dem anderen bedeckt.

»Naun, naun, raun, raun,
diese da will Feuer!«

»Sie kriegt Feuer,
aber sie muß mich wenigstens lausen!«

Einen Schädel hat die Alte gehabt – so groß wie ein Sechseimerfaß und ganz wirres Haar! Eidechsen, Schlangen, Ottern, Kröten und Mäuse – das waren ihre »Läuse«! Wie sie nun anfängt, die Alte zu lausen, sperren die Tierchen schon die Goschen auf, um sie zu beißen. Sie fürchtet sich aber nicht und fängt sie alle. Sie reißt ihnen die Köpfe ab und wirft sie von sich. Nun hat sie alles soweit gesäubert, daß sie nicht mehr so gebissen werde.

»Raun, raun, naun, naun,
mein Kind, was hast gefunden?«

»Nun, nun, ein paar Läuschen
und ein paar Lauseierchen hab ich gefunden!«

»Naun, naun, raun, raun,
weil du so brav gewesen bist, mein Kind,
will ich dir was schenken!«

Alsdann geht die Alte hinaus zu ihrer Truhe und holt einen Sack voll Gold- und Silbergeld heraus.

Dann hat sie den anderen Katzen zugerufen:

»Naun, naun, raun, raun,
gebt ihr nun das Feuer,
und tragt ihr das Geld!
Naun, naun, raun, raun!«

Darauf haben die Katzenweiber ihr das Feuer gegeben, das Gold und Silber genommen und es ihr getragen.

Als sie nun nach Hause gekommen ist, hat sie Feuer gehabt und Gold und Silber dazu in Fülle, so daß sie es ihr Lebtag nicht aufbrauchen konnte.

Nun aber beneidet man sie. Die Stiefmutter hätte gar zu gerne gehabt, daß ihre Töchter auch soviel Geld bekämen. Am anderen Tag schickt die Stiefmutter die ältere Tochter ebenfalls hinaus, um Feuer zu holen. Diese poltert an das Tor der Katzenmühle.

»Maun, maun, raun, raun,
wer ist denn draußen?«

»Ihr verfluchten Katzen,
Schreit nicht so herum!
Ich will Feuer haben!«

Sie machen ihr die Tür auf.

»Maun, maun, raun, raun,
da mußt du mit uns zu unsrer Meisterin gehn!«

»Maun, maun, raun, raun,
diese da will ein Feuer haben!«

»Ja, sie muß mich zuerst lausen,
dann kriegt sie eins!«

»Ach, du alter Katzenschädel!
Was denkst du denn,
warum soll ich dich denn lausen?«

Wie sie hinblickt, schnellen Schlangen und Ottern in die Höhe und bäumen sich auf.

»Deine Schlangen und deine Ottern und deine
grünen Eidechsen soll ich dir vom deinem Kopfe
lesen, du stinkige Katz?!«

Darauf schreit die Alte den anderen Katzen zu:

»Gmaun, gmaun, graun, graun,
zerreißt sie!«

Da haben sie das Mädchen zerrissen.

Nachdem die erste so lange mit dem Feuer ausgeblieben ist, kommt die zweite, um nachzuschauen, wo die Schwester sei.

Sie sieht, daß die Schwester zerrissen wurde. Sie trommelt an die Tür. Da kommen die verwünschten Katzen heraus und rufen alle:

»Maun, maun, raun, raun,
was willst denn du?«

»Ihr verreckten Katzen,
wie könnt ihr denn meine Schwester zerreißen?«

Da packen sie das Mädchen und zerreißen es in ebenso viele Stücke.

Der Stiefmutter dauert es zu lange. Sie kommt und sucht nach ihren Töchtern. Wie sie hinkommt, erblickt sie ihre beiden Töchter, in Stücke zerrissen. Sie poltert und rüttelt an der Türe.

»Gmaun, gmaun, raun, raun,
was willst denn du?«

»Ihr verfluchten Katzen,
wie könnt ihr nur meine Töchter zerreißen?«

»Maun, maun, raun, raun,
du bist genausoviel wert!«

Und schon haben die Katzen sie zerrisssen.

Jetzt ist die Tochter mit ihrem Vater allein zurückgeblieben. In der Frühe und am Abend hat sie im Garten vor einem Kreuz unter einem Baum alleweil gesungen und gebetet.

Eines Tages fährt ein Graf jene Straße entlang und hört ihren schönen anmutigen Gesang. Er hält an, steigt ab und geht in den Garten hinein.

»Du, mein Liebes, hast du einen Vater?«

»Ja!« – Sie nimmt ihn bei der Hand und führt ihn zum Vater. Der Graf will sie sogleich heiraten, weil sie ein so sauberes und braves Mädel ist. Danach haben sie ihr Haus und ihre Sachen verkauft und sind auf sein Gut gezogen. Dort haben sie die Hochzeit gehalten, und ihr Vater ist bei ihnen geblieben. Und sie sind glücklich gewesen!

[Heanzisches Märchen aus dem Burgenland]

Guldig Betheli und Schwarz Babi

Es lebte einmal eine Frau. Die hatte zwei Töchter. Die eine war schön und gut, die andere aber häßlich und böse. Die schöne und gute hieß Betheli und war der Frau Stiefkind, die häßliche und böse hieß Babi und war ihr eigenes Kind. Mit Betheli war die Stiefmutter immer schlimm, dem Babi aber sah sie alles nach, selbst das gröbste. Babi hatte immer recht. Betheli immer unrecht. Babi hatte in allen Dingen den Vorrang, bekam den Bauch voll zu essen, wonach es ihm nur gelüsten mochte, und hatte immer schöne Kleider, während Betheli oft hungerte, daß ihm schier die Nägel von Fingern und Füßen fielen, und stets mußte es in ärmlichen Hudeln gehen. Babi hatte alle Tage Feiertag, Betheli mußte auch am Sonntag schaffen, wenn Mutter und Schwester geputzt spazierengingen. Tag und Nacht sollte Bethelis Spinnrädchen schnurren, und so gut es ihr auch gelang, die Stiefmutter war nie, nie zufrieden, während Babi faulenzte oder die Zeit sonstwie vertrödelte.

Eines Tages sagte die Mutter zu Betheli: »Treib heut die Kuh auf die Weide, und während sie grast, mußt du mir all diese Seide spinnen!« Betheli tat wie befohlen, doch als es mit seiner Kuh auf dem Wege war, dachte es traurig bei sich selbst: »Wie soll's mir nur von der Hand, so viel Seide zu spinnen!« Und es fing zu weinen an, daß die Tränen auf Gras und Blumen niedertröpfelten, als fiele Tau. Um die Mittagszeit, als die Sonne am heißesten schien, stand aufs Mal wie aus dem Wasen gewachsen ein moosaltes Holzweiblein vor ihm. Das fragte das Mädchen freundlich, ob es ihm nicht sein verstrubelt Haar kämmen wolle.

»Ich würde es gerne tun«, sagte Betheli, »aber ich darf meine Arbeit nicht einen Augenblick versäumen, sonst werd ich nicht fertig, und die Mutter ist gar genau. Schau nur, all diese Seide muß bis heute abend gesponnen sein.«

»Steck deinen Rocken nur auf die Hörner der Kuh, und dann komm, sie wird dir's derweil spinnen«, sagte das Weiblein. Betheli tat's und strählte dem Mütterchen das Haar. Da fragte es: »Was hab ich im Haar?«

»Gold und Edelsteine«, sagte Betheli. »Das darfst du alles behalten«, sagte die Waldfrau, »aber wenn du den Scheitel ziehst, dann blick geschwind hinter dich!« Betheli tat's – da fiel ihm ein goldener Stern mitten auf die Stirne. Das Weiblein aber war verschwunden, und die Kuh hatte alle Seide zum feinsten Faden versponnen. Als Betheli heimkam, stand die Stiefmutter mit gerunzelter Stirn und bösen Augen schon unter der Türe, einen Stecken in der Hand; denn sie glaubte nie und nimmer, daß Betheli die Arbeit fertig gebracht habe. Zu ihrem Ärger war aber alle Seide gesponnen, so schön wie noch nie, und noch mehr verwunderte sie sich über den Stern auf Bethelis Stirn und das Gold und die Edelsteine, die es heimbrachte. Und gleich mußte Betheli erzählen, wie es ihm ergangen war.

Wenn das Glück einem solchen Blagg hold ist, was wird dann erst dem Babi zuteil werden, dachte die Frau bei sich selbst und schickte andern Tags das Babi auf die Weide. Kaum war Babi mit der Kuh auf den Rain hinausgekommen, steckte sie der Kuh den Rocken auf die Hörner. Die schüttelte aber die Seide ab und verzettelte und verstampfte sie auf der ganzen Weide herum.

Um die Mittagszeit, als die Sonne am heißesten schien, stand plötzlich das Holzweiblein vor Babi und sagte, es solle ihm das Haar strählen und gut mit dem Kamme auf dem Kopfe kraulen. »Ja, sitz nur zu«, sagte Babi und zog den Strähl so hart durch, daß es dem Weiblein Haare auszerrte. »Was hab ich im Haar?« fragte das Waldfräuli; aber statt Gold und Edelsteinen blieben bloß Nissen und Läuse im Kamm zurück. »Wenn du den Scheitel ziehst, dann blick geschwind hinter dich«, sagte das Weiblein. Babi tat's. Aber statt eines goldenen Sterns fiel ihm ein Kuhfladen auf die Stirn.

Weinend vor Zorn und Scham kam Babi ohne Seide nach Hause, und wenn die Kuh ihm nicht von alleine nachgelaufen wäre, Babi hätte sie auf der Weide stehen lassen. Die Mutter rüstete gleich Wasser und Seife, um sie rein zu waschen. Aber der garstige Fleck wurde nur immer schwärzer, während der Stern auf Bethelis Stirn immer heller strahlte. Unlang, so sagte die Stiefmutter zu Betheli: »Da nimm diesen Eimer und geh zum Brunnen und hol Wasser für die Wäsche. In einer Viertelstunde muß der Eimer voll sein!« Es war aber ein alter, rissiger Holzeimer, den sie ihm gab. Als Betheli den Eimer aus dem Brunnen heraushaspelte und das Rad sich drehte, da riß das Seil entzwei und – plimp plump – fiel er wieder ins Wasser hinunter. »Oh weh, was wird die Mutter sagen!« dachte Betheli und stieg in den Schacht hinab, um ihn heraufzuholen. Aber oh, wie herrlich sah's da unten aus! Denkt euch nur, ein prächtiges Schloß stand auf einer blumigen Matte mit blühenden Fruchtbäumen. Betheli wußte gar nicht, wie ihm geschah; es tat beide Hände unter die Schürze und hielt vor Staunen den Mund und beide Augen weit offen und schaute und schaute und konnte sich nicht satt sehen. Vor den Pforten des Schlosses aber traf Betheli schneeweiße Kätzlein an, die spielten, niedliche Tierchen mit buschigen Schwänzlein, die reden konnten wie Menschen. Die begrüßten Betheli freundlich und wußten sogar seinen Namen:

»Miau, miau zur guete Stund
's guldig Betheli zue-n-is chunt.«
(Miau, miau zur guten Stund',
das goldene Betheli zu uns kommt.)

Betheli antwortete:

»Ihr liebe chlyne Büseli
Wo isch echt mys Eimerli?«
(Ihr lieben kleinen Kätzchen,
wo ist denn mein Eimerchen?)

Da sagten die Kätzlein:

»Gang du nur is guldig Hus,
Und chum guldig wider drus!«
(Geh' du nur ins goldene Haus,
und komm' golden wieder heraus!)

Und Betheli ging durchs Tor. Da kamen ihm lichte Kinder in hellen Kleidlein entgegen, die waren so hold, ich kann nicht sagen, wie. Betheli stand still, denn es war ihm doch ein wenig angst. Aber die wundersamen Kinder blickten es so gütig an, daß ihm ganz wonnig wurde ums Herz. »Guldig Betheli«, fragten sie mit lieblichen Stimmlein, »mit wem willst du essen, mit uns oder mit den Kätzlein?« – »Mit den Kätzlein«, antwortete Betheli, denn es war gar geniert. »So sollst du mit uns essen!« riefen die Kinder und hielten ihm Kleider vor, ein hölziges Röcklein und ein goldiges. Betheli langte nach dem hölzigen. Da zogen sie ihm das goldige an und führten es in einen schimmernden Saal, wo eine goldene Tafel mit den allerbesten süßesten Speisen und Getränken gedeckt stand. Betheli bekam es jetzt einmal so gut, fast wie dem lieben Herrgott seine Engelein am Himmelstisch, und zum Abschied schenkten sie ihm obendrein einen neuen Eimer aus purem Golde. Dann schoben und hoben sie es wieder durch den Brunnenschacht hinauf, und ehe es wußte, wie ihm geschehen, stand Betheli wieder oben vor dem Hause seiner bösen Stiefmutter.

Da stand Betheli nun in seinem goldenen Kleid wie ein Engel, seinen goldenen Eimer in der Hand. Die Mutter und Babi machten große Augen und fragten gleich, wo es gewesen sei, und wie es Kleid und Eimer bekommen habe. Betheli erzählte der Reihe nach alles, was ihm begegnet war. Gleich schickte die Mutter Babi ebenfalls zu dem Brunnen, um Wasser zu holen, in der Hoffnung, es werde ihm ebenso ergehen. Babi aber ließ seinen Eimer mit Fleiß hinunterfallen und stieg gleich in den Schacht hinab. Als es vor das Schloß kam, riefen die Kätzlein fauchend und fräsend und sträubten mit glühigen Augen die Schwänze:

»Miau, miau zur böse Stund
s' schwarze Babi chunt!«
(Miau, miau zur bösen Stund',
die schwarze Babi kommt.)

Babi sagte:

»Ihr böse, freche Büseli,
Wo hend ihr mys Eimerli?«
(Ihr bösen frechen Kätzchen,
wo habt ihr denn mein Eimerchen?)

Die Kätzlein antworteten:

»Gang du nu is rueßig Hus,
Und chum rueßig wider drus!«
(Geh' du nur ins rußige Haus,
und komm' rußig wieder heraus!)

Als Babi durchs Tor kam, nahmen es auch jene Kinder in Empfang und fragten, mit wem es essen wolle, mit ihnen oder mit den Kätzlein. »Mit euch«, antwortete Babi, »Betheli hat auch mit euch gegessen.« Dann zeigten sie ihm die beiden Kleider, das hölzige und das goldige. Babi langte grad nach dem goldigen, Betheli habe auch ein goldiges bekommen, und einen Eimer wolle es dann auch. Aber Babi mußte ein hölziges Röcklein anziehen, und essen mußte es mit den Kätzlein auf dem Boden, im

Vorhof, Abfall und Treber. Da wurde es ganz schwarz vor Ruß und Schmutz, und die Katzen zerkratzten ihm gar arg Gesicht und Hals und Hände. Und zum Schluß bekam es den alten lecken Eimer voller Roßbollen.

Als Babi so jämmerlich hergerichtet zurückkehrte, wurde die Mutter fuchsteufelswild vor Neid und Haß, sie schalt und schmähte Betheli, schlug es und schloß es in ein Kämmerlein unter dem Dach ein, daß es dort elend Hungers sterben solle.

Aber Betheli hatte heimlich einen Apfel in den Grund des Gartens gesteckt, grad an der Wand unterm Fenster. Und da wuchs in wenigen Tagen ein prächtiger Apfelbaum voll der schönsten Früchte auf, der seine Äste bis an das Fenster streckte, und allemal wenn Betheli Hunger hatte, so langte es nur hinaus und pflückte von den Äpfeln und aß davon.

Eines Tages ging von ungefähr der Königssohn am Hause vorüber. Er sah den prächtigen Baum mit den schönen Äpfeln und hätte gar zu gern einen davon gehabt. Aber niemand konnte auf den Baum steigen und welche pflücken. Die Stiefmutter und Babi versuchten es immer wieder, aber jedesmal, wenn sie nach den Früchten greifen wollten, schnellten die Zweige in die Höhe. Erst als Betheli aus seinem Kämmerlein rief:

»Bäumli, Bäumli, voll und schwer,
Büg mer dyni Zwygli her!«
(*Bäumlein, Bäumlein, voll und schwer,*
bieg mir deine Zweiglein her!)

neigte der Baum seine Äste gegen das Fenster. Betheli brach einen schönen Apfel und warf ihn dem Königssohn zu. Wie der das Mädchen mit dem Stern auf der Stirn sah, sprach er: »In einer Woche komm ich mit einem goldenen Wagen und hole dich heim!«

Und in der Tat, nach acht Tagen kam eine goldene Kutsche vorgefahren, von sechs schneeweißen Pferden gezogen und hielt – nicht vor der Tür, wo die Stiefmutter und Babi im Sonntagsstaat standen, um dem Prinzen aufzuwarten, sondern vor dem Fensterchen hielt sie, und goldig Betheli glitt an den Zweigen des Baumes hinunter. Der Prinz fing sie in seinen Armen auf und fuhr mit ihr in sein Schloß, wo die Hochzeit gefeiert wurde. Das war ein großes Fest fürs ganze Land, aus jedem Hause war einer eingeladen, nur die böse Stiefmutter und das schwarze Babi nicht, und da ich just damals dort vorbeikam, hab ich auch zusitzen dürfen. Aber als ich genug gegessen und getrunken hatte, hat mich ein Diener am Ohr genommen und mich vors Schloß geführt. Dort hat er mir einen Tritt gegeben und gesagt: »So jetzt mach, daß du fortkommst, und erzähl die Geschichte auch anderen«, und jetzt ist sie aus.

[Märchen aus der Schweiz]

Die weiße Katze

Es war einmal eine Frau, die hatte zwei Töchter, eine rechte und eine Stieftocher; jene hieß Marie, diese Trine. Eigentlich hatte die Stieftocher Marie geheißen; als aber die Frau selber ein kleines Mädchen bekam, gaben sie der Stieftochter einen andern Namen und nannten die rechte Tochter Marie, weil die Frau den Namen gern leiden mochte.

Eines Tages sagte die Mutter zu Trine: »Die Feuerung ist auf, der Ofen kalt; geh in den Wald und hole Holz.« Trine ging hin, halb nackt wie sie war, und sammelte, und als es Abend wurde, suchte sie umher und kam an ein kleines Haus, und als sie anklopfte, guckte eine alte Frau heraus und fragte: »Was willst du?« Die alte Frau aber war eine Menschenfresserin und ihr Mann ein Menschenfresser. Trine antwortete: »Ich habe Holz gesucht, und es ist mir zu früh Abend geworden; kann ich hier wohl übernachten?« Die Menschenfresserin lachte boshaft und sagte: »Komm nur herein«, und brachte sie auf eine Kammer. In der Nacht kam auch noch ein Graf, der sich verirrt hatte, und auch er wurde aufgenommen.

Um Mitternacht sagte die Menschenfresserin zum Menschenfresser: »Nun laß uns erst den Grafen fressen und ihm das Geld wegnehmen; dann friß du die junge Dirne und gib mir die Augen und die Hände und Füße; du weißt, die mag ich gerne.« Als der Graf verzehrt war, und nun an Trine die Reihe kommen sollte, sprang eine weiße Katze auf ihre Bettdecke, strich ihr leise dreimal mit der rechten Pfote durchs Gesicht, daß sie erwachte, und sagte dann: »Zieh dich flink an, setz dich auf meinen Rücken; man will dich fressen.« Trine gehorchte, und als sie auf der Katze saß, kratzte diese ein Loch in die

Wand, sprang mit Trine hindurch und war in sieben Sätzen mitten im Walde.

Es war gerade noch zur rechten Zeit geschehen; denn kaum waren sie fort, als schon der Menschenfresser vors Bett kam, um Trine zu fressen. Als sie nicht da war, sagte die Menschenfresserin zu ihrem Manne: »Hole mir vom Hahnebalken den Wünschemantel herunter«, und als sie den umgehängt hatte, nahm sie einen Korb mit Wurst, war bei Trine und sagte: »Willst du keine Wurst kaufen, schmucke Dirne?«

»Nein«, sagte Trine, so hungrig sie auch war; denn die weiße Katze hatte es ihr verboten, da es Menschenwurst war und, wer die aß, ein Menschenfresser wurde und immer blieb. Als sie nicht wollte, wurde die Menschenfresserin wütend und sagte: »Kaufst du nicht gleich die Wurst, so freß ich dich auf!«

Da raschelte es im Busch, und die weiße Katze sprang daraus hervor, kratzte der Menschenfresserin das rechte Auge aus und sagte: »Gibst du nicht gleich den Korb heraus samt aller Wurst und tausend goldenen Dukaten, so kratze ich dir das linke grüne Auge auch aus. Du weißt, ich kann's und tu's, und wünsche dich nur weg, ich finde dich doch.« Die Menschenfresserin zitterte und sagte: »Ich will's tun; wartet ein bißchen.« Während sie nun mit dem Wünschemantel nach Haus flog und von ihrem Manne die tausend Dukaten holte, die sie dem Grafen geraubt hatten, hing die weiße Katze die Würste, es waren sechsundachtzig, an die Büsche; da kamen die Raben und die Wölfe und fraßen sie auf und mögen von der Zeit am liebsten Menschenfleisch. Jetzt war die Menschenfresserin wieder da, gab die tausend Dukaten an Trine, und diese ging nach Haus.

Vor der Tür stand Marie und fegte gerade den Schnee weg; ihr erzählte sie die ganze Geschichte, und diese sagte es der Mutter. Die Mutter aber wurde neidisch auf die tausend Dukaten und sprach zu Marie: »Liebe Marie, zieh dich hübsch warm an und geh auch hin; Trine soll dich hinbringen.« Es geschah also, und Trine mußte ihr noch Kleider mitnehmen.

Als sie vor das Haus der Menschenfresserin kamen, ging Trine wieder nach Hause; Marie aber klopfte an und sagte: »Kann ich hier wohl übernachten?« Die Menschenfresserin lachte boshaft und sagte: »Komm nur herein«, und brachte sie auf eine Kammer. Nachts um zwölf Uhr kam die weiße Katze, sprang auf ihre Bettdecke, strich ihr dreimal mit der Pfote durchs Gesicht, daß sie erwachte, und sagte: »Folge mir; sonst wirst du aufgefressen!«

»Laß mich in Ruhe, garstiges Tier!« sagte Marie; »du hast mir nichts zu sagen, und ich bin müde.« Weg war die Katze, und der Menschenfresser kam und verzehrte Marie; die Augen aber und die Hände und Füße gab er seiner Frau, die sie mit Appetit hinunterschlang.

Als die Mutter sah, daß Marie nicht wiederkam, schickte sie Trine hin, sie zu holen. Auf halbem Wege gesellte sich die weiße Katze zu ihr und sagte: »Mich friert, nimm mich in dein Tuch!« Trine tat es, und als sie vor das Haus der Menschenfresserin kamen, sprach die Katze: »Nun stecke mich in deine Tasche!« Das wollte Trine nicht gern, tat es aber doch; hierauf klopfte sie an und fragte: »Kann ich hier wohl übernachten?« und dachte, so würde sie Marie wohl finden. Die Menschenfresserin lachte boshaft und sagte: »Komm nur herein«, und brachte sie auf die Kammer; von Marie aber war nichts zu hören und zu sehen.

Um Mitternacht, der Wind heulte mit Wölfen und Eulen um die Wette, kam ein Bär vor ihr Bett, strich ihr leise mit dem breiten Fuß dreimal durchs Gesicht, daß sie erwachte, und sagte: »Fürchte dich nicht, ich bin die weiße Katze; nun will ich erst den Menschenfresser und seine Frau erwürgen, dann wird alles gut.« Es geschah also, und als er wieder bei Trine war, da krachte das Haus und wurde ein Schloß, der Bär ein schöner Prinz, und der Prinz sagte: »Liebe Marie, du hast mich erlöst; du bist nun meine Frau.« Hierauf wurde die Hochzeit gefeiert, und sie lebten lange in Glück und Freude.

[Märchen aus Deutschland]

Der Federkönig

Es war einmal ein Paar armer Leute auf dem Feld und hatte auch ihr kleines Kind mit, das lag in einer Schaukel, die war aus Windeln und hing an vier Stecken. Nur einmal kam eine wilde Katze aus dem Wald, nahm das Kind und trug es fort in ihre Höhle; sie tat ihm aber nichts zuleide, sondern pflegte es vielmehr, brachte ihm Kräuter, Wurzeln und Erdbeeren, so daß es keine Not litt. Also wuchs es da auf in der Höhle; es war aber ein Knabe, und wie der groß war, sprach die Katze zu ihm: »Nun sollst du die Königstochter heiraten!«

»Aber ich bin ja nackt«, sprach der Knabe, »wie soll ich vor den König gehen!«

»Mache dir keine Sorgen, ich will dir gleich ein Kleid schaffen.« Da lief die Katze in den Wald und hatte ein silbernes Pfeifchen; sie blies einmal und zischte und raschelte dann, und alsbald kamen viele Vögel und wilde Tiere zusammen. Sie nahm von jedem Vogel eine Feder, machte daraus ein Kleid und brachte es dem Knaben; dann führte sie ihn zu den Tieren und sprach: »Jetzt gehe zum König, diese Tiere müssen dir nachfolgen, dann sage beim Eintritt: ›Herr König, der Federkönig schickt Euch dies Geschenk!‹«

Also ging der Knabe in die Burg und sagte, so wie ihn die Katze gelehrt hatte. Als der König die vielen Tiere sah, freute er sich und sprach: »Das muß ein reicher König sein!«

Den folgenden Tag schickte die Katze den Knaben wieder mit vielen Tieren hin, und er sollte sagen: »Das ist wieder ein Geschenk vom Federkönig!« Und wenn der König sich verwundere und sage: »Wie lieb wäre es mir, wenn ein so reicher

König meine Tochter zur Frau nähme!« Da solle er nur sprechen: »Ja, das werde der Federkönig gerne tun und nach drei Tagen werde er kommen und Hochzeit halten.«

Also geschah es, wie der Knabe in die Burg kam. Der König freute sich über das neue Geschenk und verwunderte sich sehr und sagte, wie er so sehr wünsche, daß ein so reicher König seine Tochter zur Frau nähme. Da antwortete der Knabe, wie ihn die Katze gelehrt hatte, der Federkönig werde das gerne tun und nach drei Tagen kommen und Hochzeit halten.

Als die Zeit um war, lief die Katze wieder in den Wald und blies auf dem silbernen Pfeifchen dreimal und zischelte und raschelte dreimal nach Katzenart. Da kamen alle Vögel und wilden Tiere zusammen, und die Katze wählte jetzt die schönsten und farbigsten Federn und machte daraus einen Mantel, der glitzerte und glänzte wie der Sternenhimmel, und gab ihn dem Knaben. Diesmal ging auch die Katze mit zum Königshof. Als sie nicht weit vom Schloß waren, sprach sie zum Knaben: »Jetzt wirf dein altes Federkleid fort, ich bringe dir gleich schöne Kleider aus dem Schloß; denn den Federmantel sollst du nur zum Schmuck gebrauchen.« Damit lief sie schnell ins Schloß und rief: »Nur schnell königliche Kleider her, der Federkönig kommt und ist in einen Sumpf gefallen, er braucht frische Kleider!« Da gab der König seine besten Kleider hin, und die Katze lief damit fort und brachte sie dem Knaben und kleidete ihn an.

Also kam er jetzt in die Burg, und ihm folgten alle Tiere nach. Wie er aber eintrat ins Schloß, legte er den Federmantel um, der glitzerte und glänzte, daß man es kaum aushalten konnte. Da freuten sich der König und die Königstochter über den reichen Bräutigam. Als aber die Hochzeit vorüber war, sprach der König: »Ich möchte doch gerne dein Land und deinen Palast sehen, ich fahre mit!«

Wie nun der Federkönig mit seiner jungen Frau im Wagen saß, sah er immer auf seine schönen Kleider und nicht auf seine

Frau. Das merkte die Katze, sprang ihm in den Nacken und – tschack! – kratzte sie ihn einmal. »Siehe doch auf deine Frau!« flüsterte sie, »wenn du es aber wieder vergißt und man dich fragt, warum du immer auf deine schönen Kleider schauest, so sage, du habest daheim viel schönere.« Damit lief die Katze fort und war immer voraus.

Der Federkönig sah bald wieder auf seine schönen Kleider. Da fragte ihn die junge Frau: »Warum das?« Er antwortete: »Ich habe daheim viel schönere.« Nun kam die Katze zu einer großen Schafherde; sie lief zum Hirten, sprang ihm in den Nacken und – tschack! – kratzte sie ihn einmal, daß ihm das Blut floß. »Wenn man dich fragt, wem diese Herde gehöre, so sprich: ›Dem Federkönig!‹, sonst komme ich wieder und zerkratze dich ganz.«

Als nun der König und das junge Paar hinkamen, fragte der König den Hirten: »Wem gehört denn die schöne Herde?« Der Hirt sprach: »Die gehört dem Federkönig«, denn er wollte nicht noch einmal so gekratzt werden. »Ja, die ist mein«, sagte gleich der Knabe, denn er merkte, das habe die Katze so angestellt. Bald darauf kamen sie zu einer großen Büffelherde; die Katze war aber schon dagewesen und hatte den Hirten auch einmal gekratzt und ihm gesagt, wenn er nicht spreche, die Herde gehöre dem Federkönig, so werde sie ihn ganz zerkratzen. Als nun der König fragte: »Wem gehört denn die schöne Herde?«, so sprach der Hirte: »Na, die gehört dem Federkönig«, denn er wollte nicht noch einmal zerkratzt werden. »Ja, die ist mein«, sagte der Junge im Wagen, und der König wunderte sich sehr und sprach: »Ich hätte doch nie geglaubt, daß du so reich bist!«

Also kamen sie auch zu einer Roßherde, auch da war die Katze schon gewesen und hatte den Hirten gekratzt und ihm gesagt, wie er sprechen müsse, und als der König fragte: »Wem gehört denn die große Roßherde?«, so sprach er: »Na, dem Federkönig!«, denn er wollte nicht noch einmal gekratzt werden. »Ja, die ist mein!« sagte der Junge im Wagen. »Jetzt glaube ich, daß du viel reicher bist und auch daheim alles viel schöner haben wirst als ich!« sprach der König.

Bald gelangten sie nun in das Schloß des Zauberers; da war alles von Gold und Silber, Kristall und Edelsteinen, auf das schönste geordnet, und der Tisch stand gedeckt; sie setzten sich gleich und aßen. Die Katze aber blieb vor der Tür und hielt Wache. Nur einmal kam der Zauberer und polterte und lärmte: »Räuber in meinem Schloß, an meinem Tisch! Aha! Wehe euch!« Die Katze aber stand in der Tür und ließ ihn nicht ein und sprach: »So sage mir nur erst, bist du wirklich der große Zauberer, für den man dich hält? Man erzählt, du könntest dich in was immer, in große und kleine Tiere verwandeln!«

»Ja, das ist mir eine Kleinigkeit!« sprach er und verwandelte sich gleich in einen Löwen. Da fürchtete sich die Katze und sprang aufs Dach. »Das ist wohl gegangen!« rief die Katze; »nun aber möchte ich sehen, ob du dich in ein kleines Tier, in eine Maus, verwandeln kannst, das ist gewiß schwer und dir nicht möglich!« Sogleich verwandelte sich der Zauberer in eine Maus, und im Nu sprang die Katze vom Dach herunter auf die Maus und zerriß sie. Nun rief sie den Jungen aus dem Saal hinaus und sprach: »Meiner Hilfe bedarfst du nicht weiter, das Schloß und alles, was darin und darum ist, und die großen Herden, die du gesehen, sind nun wirklich dein, denn ich habe den Zauberer, dem das alles gehörte, umgebracht! Jetzt aber verlange ich von dir einen Dienst; nimm dein Schwert und schlage mir das Haupt ab.« Aber der Junge wollte nicht und sprach: »Wie könnte ich so undankbar sein!«

»Wenn du es nicht gleich tust, so kratze ich dir die Augen aus!« Da nahm er ein Schwert, und auf einen Hieb flog das Haupt fort; aber siehe, da stand auf einmal eine wunderschöne Frau. Der Junge nahm sie gleich an den Arm und führte sie hinein an die Tafel und sprach: »Das ist meine Mutter!« Die Frau aber gefiel dem alten König sehr, und weil seine erste Gemahlin gestorben war, so nahm er ihre Hand und sprach: »Sollen wir nicht auch die Hochzeit feiern?« Sie hatte nichts dagegen, und so dauerte das Fest noch acht Tage. Darauf zog der alte König mit seiner neuen Frau heim; der Junge aber mit der Königstochter blieb im Zauberschloß und war reicher als sieben Könige.

[Märchen aus Siebenbürgen]

Das Kätzchen und die Stricknadeln

Es war einmal eine arme Frau, die in den Wald ging, um Holz zu lesen. Als sie mit ihrer Bürde auf dem Rückweg war, sah sie ein krankes Kätzchen hinter einem Zaun liegen, das kläglich schrie.

Die arme Frau nahm es mitleidig in ihre Schürze und trug es nach Hause zu. Auf dem Wege kamen ihre beiden Kinder ihr entgegen, und wie sie sahen, daß die Mutter etwas trug, fragten sie: »Mutter, was trägst du?«

Sie wollten gleich das Kätzchen haben; aber die mitleidige Frau gab den Kindern das Kätzchen nicht, aus Sorge, sie könnten es quälen, sondern sie legte es zu Hause auf alte weiche Kleider und gab ihm Milch zu trinken. Als das Kätzchen sich gelabt hatte und wieder gesund war, war es mit einem Male fort und verschwunden.

Nach einiger Zeit ging die arme Frau wieder in den Wald, und als sie mit ihrer Bürde Holz auf dem Rückweg wieder an die Stelle kam, wo das kranke Kätzchen gelegen hatte, da stand eine ganz vornehme Dame dort, winkte die arme Frau zu sich und warf ihr fünf Stricknadeln in die Schürze. Die Frau wußte nicht recht, was sie denken sollte, und dünkte diese absonderliche Gabe ihr gar zu gering; doch nahm sie die fünf Stricknadeln des Abends auf den Tisch.

Aber als die Frau des andern Morgens ihr Lager verließ, da lag ein Paar neue fertig gestrickte Strümpfe auf dem Tisch. Das wunderte die arme Frau über alle Maßen, und am nächsten Abend legte sie die Nadeln wieder auf den Tisch, und am Morgen darauf lagen neue Strümpfe da. Jetzt merkte sie, daß zum Lohn ihres Mitleids mit dem kranken Kätzchen ihr diese fleißigen Nadeln beschert waren, und ließ dieselben nun jede Nacht stricken, bis sie und die Kinder genug hatten. Dann verkaufte sie auch Strümpfe und hatte genug bis an ihr seliges Ende.

[Märchen von Ludwig Bechstein]

Der goldene Schlitten und die vier Katzerl

Es war einmal ein König gewesen, der hat einen Sohn gehabt und eine wunderschöne Frau; die ist ihm aber gestorben, als der Prinz noch ein ganz kleiner Bube war. Und der König hat gar sehr getrauert um die Königin, weil er sie recht gern gehabt hat, und auch nach Jahresfrist, als die Hoftrauer vorüber war, war der König noch nicht zu bewegen, seinem Reiche wieder eine Königin zu geben.

Und so hat auch ein tief verschleiertes Frauenzimmer, das ihn hätte heiraten wollen, ein Körberl kriegt; ja und wie diese ausgeschaut hat, voller Brillanten, über und übervoll, aber sie hat ein Körberl kriegt. Und so ist sie abgezogen, aber sie hat es nicht gleichgültig hingenommen, sondern hat darüber einen schiachen (schrecklichen) Zorn gehabt.

Und geschadet hat's dem König und dem Hofstaat schauderhaft, so aus Gift und Gall. Und dies Frauenzimmer ist eine Hexe gewesen, und all die Brillanten waren nur angehextes Zeug. Wie sie in ihrem armen finsteren Häusel wieder angelangt war, hat sie sofort untergeheizt auf dem offenen Herd in der Hexenkuchel und alles mögliche Kräutelwerch zusammengesucht und in einen Kessel hineingetan; dazu hat sie grausliche Hexensprüche gesprochen und geflucht, daß das Feuer in einen Winkel sich verkrochen hat.

Dabei ist ein schiaches Wetter gekommen, und es hat zu schneien angefangen und zu rumpeln und zu rollen. Und aus dem Schloß ist ein großer Felsofen geworden mitten im tiefen Schnee, und der König und sein Prinz und die Hofleut alle sind Raben geworden, haben keine Ruh und keine Rast gehabt und sind um den Felsen herumgeflogen und haben gottsjämmerlich gekrächzt. Und im Felsen ist ein großes Loch gewesen, und da ist Wasser herausgeflossen und hat die Gärten mit Wasser überdeckt, und dieser See ist die meiste Zeit des Jahres zugefroren gewesen.

»Und so lang sollst du verwunschen bleiben«, hat die schiache Hexe gesagt, »bis eine Jungfrau auf außergewöhnlichem Gespann über den See in den Felsen hineinfährt und den alten Raben küßt.«

Nun hat die alte Hexe eine Tochter gehabt, die gerade so böse gewesen ist wie ihre Mutter; aber nur blitzdumm ist sie gewesen und hat das Hexen nie erlernt. Und so ist's auch gekommen, daß sie keinen Grafen als Mann kriegt hat, sondern einen bettelarmen Holzknecht, der war Witwer und hatte ein Töchterchen.

O mein, das ist ein Eheleben gewesen, so elend und so voll Streit und Hader; zuerst ist er ganz gut gewesen, aber später ist er grob geworden und war gleich mit dem Zuschlagen da. Und zuletzt ist er nur mit seinem eigenen herzigen Mädchen, das ihm das erste Weib hinterlassen hatte, lieb umgegangen.

Um so liebloser ist aber dafür die böse Stiefmutter gegen das Mädl gewesen, wenn der Vater nicht daheim war. Da mußte das Kind so mancherlei verrichten, was ihm oft ganz zuwiderlich war, und nur die Furcht vor ihrem groben Mann hielt die Frau davon ab, das Kind in den Tod zu treiben.

Nun hatte die Hauskatze in der Holzhackerhütte vier schneeweiße, allerliebste Katzerl bekommen und hatte dabei ihr Leben gelassen. Und so hatte das gutherzige Mädchen die vier Kätzchen aufgezogen, und seine ganze Freude waren seine vier weißen Viecherl. Da fiel es der bösen Stiefmutter eines Tages ein, dem Mädchen zu befehlen, sie solle die vier Katzerl umbringen, und zwar solle sie im Teich ein Loch machen und darinnen die vier Tierchen ertränken.

Schweren Herzens hat sie die Lieblinge genommen und dabei geweint, und so ist sie hinab zum gefrorenen Teich gegangen, die Katzerl in einem Sack, in der rechten aber ein Hackel zum Eisaufbrechen. Und so kam sie beim Ufer an und begann, ins Eis ein Loch zu hauen; dabei wurde sie aber von einem solchen Schmerz erfaßt, daß sie vor Leid umfiel und bitterlich weinte; und auch die vier Katzerl raunzten im Sack.

Und sie wußte gar nicht, wie es kam, sie versank neben dem Loch im Eise in einen kurzen Schlummer, und da ist ihr gewesen, als ob ihr jemand zurief: »Steig ein, steig ein!« Als sie nun darob erwachte, stand vor ihr ein allerliebster goldener Schlitten, und die vier schneeweißen Katzerl waren ihm vorgespannt. Da liebkoste sie die Katzerl und stieg dann ein. Kaum aber saß sie drinnen, da liefen auch schon die Katzerl mit dem Schlitten dahin, und flugs ging es über den See und hin zum Felsen, wenn's Eis auch hinter ihnen knarrte und krachte. Und der Schlitten fuhr hinein in die Höhle zum Ufer; dort stieg das Mädchen aus, und der Schlitten mit den Katzerln verschwand, während sie sich in der Höhle etwas umsah. Doch so sehr sie auch suchte, es war allenthalben nur rauher Fels, hier und da mit Moos bewachsen, doch von den Katzerln keine Spur; zuhinterst in der Höhle aber, wo es gar finster war, leuchteten zwei matte Lichtlein hervor. Was das sei? dachte das Mädchen, und ohne sich zu fürchten, ging sie auf die zwei Lichtlein zu. Da fand sie einen alten kreischenden Raben, der trug seinen Hals mit einem Tüchel eingebunden.

»Ei«, meinte sie, »da ist ja ein liebes Vogerl und so arm und krank!« Und nahm das kranke Tier und küßte es.

Da gab's aber ein Krachen, als ob die Welt in Trümmer ginge und der Felsen zusammenstürzen möchte. Und augenblicklich stand sie mitten in einem großen lichten Saal, und ein König stand vor ihr. Förmlich andächtig küßte er das verblüffte Kind und sprach zu ihm: »Du hast uns errettet! So sei denn auch du meines Sohnes Braut und die Königin unseres Reiches!«

Bei der Tafel, die dann war, ging es hoch her, und ich bin auch dabei gewesen und habe mitgegessen, und dabei habe ich zu tief in die Schüssel geguckt, da habe ich das Übrige nicht bekommen und bin in die Schüssel gefallen. Da hat der Koch gemeint, ich sei ein Fleischbrocken, und hat mich einem Bettler geschenkt, der hat mich in seinen Schnappsack gepackt und hierhergebracht. Und so weiß ich von der Geschichte.

[Märchen aus der Steiermark]

Prinz Katz

Es waren einmal ein König und eine Königin, die hatten keine Kinder, wollten aber gern welche haben. Da kam eines Tages ein Bettelweib zur Königin, dem klagte sie ihr Leid. Die Bettlerin versprach, ihr zu einem Sohn zu verhelfen. Nach einiger Zeit brachte sie der Königin zwei Fische und befahl ihr, dieselben zu verzehren, doch sollte kein anderes Wesen davon genießen. Als die Wunderfische gar waren, kam die Katze und stahl der Königin einen davon. Nun wurden die Königin und die Katze zu gleicher Zeit schwanger und gebaren gesunde Söhne. Beide Knaben waren sehr klug, doch übertraf Prinz Katz – so wurde der von der Katze geborene Prinz genannt – an Schlauheit seinen Bruder in allen Stücken. Die Eltern freuten sich über die beiden Knaben, kleideten sie stets gleich, beschafften ihnen die gleichen Bücher, als sie schulpflichtig waren, und ließen ihnen in allen Dingen freien Willen.

Einmal kamen die beiden Prinzen von einem Spaziergang heim, auf dem sie der Regen überrascht hatte; da baten sie den Vater, ihnen am Weg ein Haus zu bauen, damit sie dort in Zukunft Schutz vor dem Wetter finden könnten. Es geschah. Ein Maler schmückte das neue Schloß mit Gemälden. An die Tür aber malte er ein sehr schönes Mädchen in Lebensgröße; das war die schöne Therese

In dieses Bild verliebte sich der rechte Prinz derart, daß er nicht eher zufrieden sein wollte, als bis er das Original besäße. Er bestürmte den Vater mit Bitten, bis er ihn endlich reisen ließ. Er kaufte jedem Prinzen ein prächtiges Reitpferd; dann ritten sie von dannen, um die schöne Therese zu suchen. Nach kurzem Ritt kamen sie in einen Hohlweg, der in einen unterirdischen

Gang mündete. Durch diesen kamen sie in ein verwünschtes Schloß. Darin waren Stuben und Kammern und Ställe genug, aber kein menschliches Wesen ließ sich sehen. Der rechte Prinz wollte die Pferde draußen stehen lassen, Prinz Katz jedoch bewog ihn, sie im Stall unterzubringen. Dann besichtigten sie die Stallungen, wo sie lauter verwünschte Pferde antrafen, und begaben sich darauf ins Schloß.

Es war Abend. Als sie in das eine hell erleuchtete Zimmer traten, bemerkten sie zu ihrem Erstaunen einen großen Stein in der Mitte desselben. Der Tisch war für zwei Personen gedeckt, und bei jedem Gedeck lag ein Zettel, auf dem angegeben war, für wen von beiden der Platz bestimmt sei. Sie ließen sich das köstliche Mahl schmecken und gingen dann in den Stall, wo sie die Pferde reichlich mit Futter versehen fanden. Inzwischen waren in der Stube zwei Betten aufgestellt, und wieder wiesen Zettel jedem seine Schlafstelle an. Der rechte Prinz war bald eingeschlafen, der schlaue Prinz Katz aber blieb wach, denn er war neugierig, was in der Nacht passieren würde. Als die Mitternachtsstunde schlug, öffneten sich die Fenster, und drei Tauben kamen hereingeflogen.

»Guten Abend, Mütterchen!« sprachen sie zu dem Stein.

»Schönen Dank, liebe Töchterchen!« entgegnete der Stein.

»Ist hier auch etwas Neues passiert?« fragten die Tauben.

»O ja«, antwortete der Stein, »es sind zwei Prinzen angekommen, die wollen die schöne Therese haben.«

Tauben: »Werden sie sie auch bekommen?« Stein: »O ja, sie werden sie bekommen, aber nicht mit ihren Pferden. In unserm Stall stehen drei edle Tiere, davon soll der Königssohn den Braunen, Prinz Katz den Schimmel nehmen, welche beide in die Luft gehen. Die Prinzen müssen dann über das Rote Meer; dort werden sie ein Haus finden, in welchem die schöne Therese wohnt. Es ist aber Bedingung, daß die Prinzen um Mitternacht jenseits des Meeres eintreffen, weil dann noch all die wilden

Tiere schlafen, welche die Jungfrau bewachen. Der Ritt muß über alle Tiere hinweggehen; die Prinzen müssen sofort nach ihrer Ankunft das Mädchen in die Arme nehmen und schleunigst den Rückweg antreten, bevor die Bestien erwachen, denn sonst sind sie verloren. Wenn aber Prinz Katz jetzt schläft und unsere Unterredung nicht hört, bekommen sie die schöne Therese nicht. Auch darf er unsere Unterhaltung nicht weitererzählen, wenn er nicht sofort zu Stein werden will.«

Nachdem die Tauben sich verabschiedet hatten, schlief Prinz Katz ein. Als sie am nächsten Morgen erwachten und sich angekleidet hatten, suchten sie den Pferdestall auf. Der rechte Prinz wollte sein eigenes Pferd besteigen, aber Prinz Katz bestieg den Schimmel und bewog seinen Bruder, den Braunen zu nehmen. Kaum aufgesessen, flogen sie auch schon durch die Luft dahin. Genau zur Mitternacht kamen sie bei dem Haus jenseits des Roten Meeres an. Es war von Schlangen, Löwen, Tigern und anderen Tieren bewacht, die aber alle schliefen. Die schöne Therese lag in einem Bett, das ganz in einer Ecke stand. Im Nu hatte der rechte Prinz die Jungfrau ergriffen und zu sich aufs Roß gehoben, und in Sturmeseile ging es durch die Lüfte zurück. In kurzer Zeit erreichten sie das verwünschte Schloß wieder, stiegen mit ihrer schönen Beute von den schnaubenden Tieren und begaben sich in das Zimmer, während die Rosse von unsichtbaren Händen in den Stall geführt wurden. In dem Schloß war diesmal für drei Personen gedeckt, ebenso waren drei Betten aufgestellt. Sie begaben sich zur Ruhe, aber Prinz Katz blieb wach. In der Mitternachtsstunde kamen die drei Tauben wieder, und nachdem sie den Stein begrüßt hatten, fragten sie: »Ist hier auch etwas Neues passiert, Mütterchen?«

Stein: »O ja, die beiden Prinzen sind mit der schönen Therese angekommen.«

Tauben: »Haben sie sie bekommen?«

Stein: »Ja.«

Tauben: »Aber werden sie denn auch glücklich mit ihr nach Hause kommen?«

Stein: »O ja; wenn Prinz Katz nicht schläft, sondern unsere Unterredung wieder anhört, werden sie alle glücklich und wohlauf daheim anlangen. Aber jetzt bleiben unsere Pferde im Stall, und die Prinzen müssen auf ihren eigenen Tieren heimreiten.«

Tauben: »Aber Mütterchen, wird ihnen auch noch etwas widerfahren, wenn sie zu Hause sind?«

Stein: »Ja; die Tiere werden erwachen und die schöne Therese nicht finden. Dann werden sie sich allesamt in eine einzige große Schlange verwandeln, und diese wird in der dritten Nacht im königlichen Schloß erscheinen, um die Geraubte zurückzuholen. In der Nacht muß Prinz Katz nicht schlafen, sondern mit einem scharfen Säbel in dem Schlafgemach der schönen Therese auf- und niedergehen. Sobald die Schlange ankommt und den Kopf durchs Fenster stecken will, muß Prinz Katz zuhauen, dann ist Therese gerettet. Die Schlange wird zurückweichen, dabei aber so großen Lärm machen, als sollte das ganze Schloß umfallen.«

Tauben: »Aber, Mütterchen, kann er auch uns erlösen?«

Stein: »O ja, er kann's und wird's.«

Tauben: »Aber wie soll er es machen?«

Stein: »In dem einen Pferdestall stehen viele Spaten; mit dem ältesten und schlechtesten muß er draußen graben, und es wird eine schwere Axt zum Vorschein kommen, die er aus eigener Kraft nicht heben kann. Wenn er aber die hier im Spinde stehende Flasche Wein trinkt, wird die Axt leicht werden, und er wird den Baum dort mit einem Streiche fällen.« Nun verabschiedeten sich die Tauben, und Prinz Katz schlief bis zum Morgen.

Am nächsten Morgen ritten die Prinzen heim. In der dritten Nacht kam die Riesenschlange an; Prinz Katz jedoch war auf dem Posten und verwehrte der Schlange das Eindringen in das

Zimmer. Darauf verursachte das Ungeheuer einen solchen Lärm, daß alle Schloßbewohner erwachten. Da nun die Schlange fort war, glaubte man, Prinz Katz habe den Lärm verursacht und wolle alle umbringen. Deshalb sollte er sofort hingerichtet werden. Als man mit ihm auf der Richtstätte angelangt war, erbat Prinz Katz die Erlaubnis, zu erzählen, wie es ihm auf der Reise nach der schönen Therese ergangen sei. Als er halb zu Ende war, war er auch schon halb in Stein verwandelt. Der Bruder bat nun dringend innezuhalten, aber Prinz Katz sagte, nun wolle er auch ganz zu Stein werden, und erzählte bis zum Schluß. Erschüttert hörten alle den Bericht.

Der Prinz aber kam alle Tage zu dem versteinerten Bruder, um dort zu weinen und um Vergebung zu bitten. So ging es bis zur Niederkunft der schönen Therese, die ihren Gemahl öfter auf dem traurigen Gang begleitet hatte. Sie gebar zwei Knaben, aber trotzdem konnte der Prinz nicht froh werden. Da erschienen ihm eines Tages jene drei Tauben und sagten ihm, Prinz Katz könne noch gerettet werden, wenn er seine beiden Söhnchen über dem Stein zerreiße und mit ihrem Blut den Stein benetze. Sofort teilte der Prinz das seiner Gemahlin mit, und sie willigte ein. Kaum war der erste Blutstropfen auf den Stein gefallen, so stand Prinz Katz als Mensch vor ihnen und kehrte mit den Erfreuten ins Schloß zurück. Nach einer Weile kehrte der Vater um, damit er nach den Kindern sähe, da lagen beide im ruhigsten Schlaf. Voller Freude nahm er sie auf seine Arme und brachte sie der Mutter heim.

Nun wollten die überglücklichen Eltern alle ihre Habe mit Prinz Katz teilen; dieser aber schlug das Anerbieten aus, indem er sagte, er werde schon anderwärts sein Glück finden. Er verließ das Schloß und zog von dannen. Bald hatte er das verwünschte Schloß erreicht. Dort grub er mit dem ältesten Spaten die schwere Axt heraus, um so schnell als möglich den bezeichneten Baum zu fällen; aber er konnte sie nicht rühren. Da suchte er die Weinflasche und nahm einen kräftigen Schluck und noch einen; jetzt konnte er die Axt schon heben, als er aber den dritten Schluck genommen hatte, war sie so leicht geworden wie ein Tabaksbeutel, und mit einem Streich schlug er den gewaltigen Baum um. Da entstand ein furchtbares Getöse, so daß Prinz Katz bewußtlos niederfiel. Als er erwachte, drängten sich alle um ihn, um ihn zu begrüßen und ihm als ihrem Könige zu huldigen; die alte Königin, die vorhin Stein gewesen, und die drei reizenden Prinzessinen, die ihre frühere Taubengestalt abgelegt hatten, fielen ihm um den Hals, und unter Trompeten- und Paukenschall brachten sie ihm ihren Dank für die Errettung dar. Nicht lange danach vermählte sich Prinz Katz mit der schönsten unter den drei Schwestern, übernahm die Herrschaft und lebte glücklich bis an sein Ende.

[Märchen aus Hinterpommern]

Die dämonische Hexen-Katze

Der Volksglaube sah in der Katze von altersher die Gefährtin der Hexe in ihrer Doppelgesichtigkeit: In ihrem dämonischen Dunkelaspekt der Nacht und dem Mond zugeordnet, ist die Hexe naturhaft mit der nachtaktiven Katze verwandt. Die Hexe im Märchen ist aber in ihrem positiven Aspekt auch die weise Frau, die Heilung, Schutz und Wissen verkörpert. Im Märchen entspricht dieses Janusgesicht der Hexengestalt dem rätselhaft doppelseitigen Charakter der Katze. Er findet seine Entsprechung in dem mythischen Bild der ägyptischen Wüstenkatze, die sich in eine wutschnaubende Löwin verwandelt.

HG

Die abgehauene Katzenpfote

Kam einmal ein Mühlknecht zu einem Müller und bat ihn, er möchte ihm doch Arbeit geben, er sei schon lange Zeit gewandert und wolle sich nun wieder ein paar Kreuzer verdienen. Der Mühlknecht ging dem Müller ein, denn er war ein flinker, rüstiger Bursche, und er hätte ihm sogleich Arbeit gegeben, wenn ihm nicht ein sonderbares Bedenken in den Kopf geschossen wäre. Er kratzte sich eine Zeitlang hinter den Ohren und rückte dann langsam mit seiner Meinung heraus: »Ja, ich brauche jetzt freilich einen Mühlknecht, und es stand mir nicht leicht einer so gut zu Gesicht wie eben du. Aber noch hat's ein anders Hakele.«

»Was denn für eins?« fragte hastig der Müllerbursch.

»Ja, du wirst mir's vielleicht nicht glauben wollen, aber es ist doch so, wie ich sage. Sooft ich noch einen Mühlknecht in der Mühle schlafen ließ, ward er am andern Tage tot gefunden. Was eigentlich dahintersteckt, konnte ich noch nie erfahren, aber es ist einmal so.«

»Soweit hat's noch nicht herabgeschneit, daß sich unsereiner fürchtet«, erwiderte lachend der Mühlknecht. »Da laßt nur mich machen, ich bin nicht von ›Schreckbichl‹ zu Haus.«

»Nein, wäre doch jammerschade um dein junges Leben«, meinte der Müller, »und wo noch keiner davongekommen ist, da wird mit dir nichts Besonderes gemacht werden.«

»Kurz und gut, ich fürcht' mich nicht, und ich bleibe bei Euch, wenn Ihr mir Arbeit gebt.«

»Wenn du durchaus dein Leben aufs Spiel setzen willst, so bleib halt. Angehen tut's dich«, erwiderte halb froh und halb zornig der Müller.

Der neue Mühlknecht ging nun in die Mühle und arbeitete trotz einem. Als es Nacht wurde, legte er sich ein wenig nieder, ließ aber keinen Schlaf über seine Augen kommen und schaute und schaute, was denn etwa in der Mühle spuken möchte. Auf einmal kam eine große, schöne Katze auf ihn zugeschlichen und miaute und stellte den Buckel auf und wedelte langsam mit dem Schweif und schlich immer um den Mühlknecht herum, so daß dieser genug zu tun hatte, das unheimliche Vieh von sich abzuwehren. Wie aber das: »Gsch!« und »mach dich!« und solche Sprüche nicht helfen wollten, wurde er über und über zornig, faßte die Katze beim Schweif und warf sie weit von sich weg. Nun »maunelte« die Katze wieder zur Türe hinaus, der Mühlknecht aber dachte sich: »Warte du, komm mir noch einmal«, legte sich auf ein Ohr und konnte ungestört schlafen.

Morgens in aller Frühe kam der Müller und wollte nach dem Leichnam des Mühlknechtes sehen. Wie machte er aber große Augen, als ihm der Bursche singend und pfeifend entgegenkam und die Geschichte von der Katze erzählte.

Als es wieder Abend wurde, holte sich der Mühlknecht eine kleine Hacke, und die versteckte er in seinem Bette. Bald war es Nacht, der Bursche legte sich nieder, und die Katze schlich wieder miauend heran. Der Mühlknecht scheuchte sie diesmal nicht von sich, sondern tat ihr schön und suchte sie immer näher und näher zu sich heranzulocken. Wie sie eng an seinem Bett stand, zog er flink die Hacke heraus und schlug ihr lachend eine Vorderpfote ab. »So, nun werde ich Ruhe haben«, meinte er und legte sich wieder in seinem Bette zurecht. Die Katze aber hinkte mit erbärmlichem Miauen auf drei Beinen zur Türe hinaus.

Morgens in aller Frühe kam wieder der Müller, um nach seinem Burschen zu sehen. Dieser war seines Meisters kaum ansichtig geworden, da schrie er schon voll Freude: »Da seht einmal, was die Bestie zurückgelassen hat. Die kommt zu mir gewiß nimmer.« Mit diesen Worten zeigte er dem Müller die Pfote, die er der Katze abgehackt hatte. Der Müller »lachte sich den Buckel voll an« und konnte sich über seinen neuen Mühlknecht nicht genug freuen. Als er genug gelacht hatte, ging er wieder seiner Wege, und der Vormittag verging wie andere Male, nur wunderte es den Meister, warum sich heute sein Weib gar nicht sehen lasse. Es wurde endlich Mittagszeit, und in der Küche brannte noch kein Feuer. Da ging dem Meister die Geduld aus, und er schrie in allen Ecken und Enden nach seiner »Alten«. Die Meisterin aber kam nicht und gab auch keine Antwort. Endlich ging der Müller in die Schlafkammer hinauf und fand die Seinige noch im Bett. »Was tust du denn? Es ist schon Mittagszeit, und in der Küche drunten brennt noch kein Spänlein.«

»Ich kann heute nicht kochen, mir fehlt etwas.« Der Müller war neugierig, was denn das sei. Da bemerkte er, daß sein Weib mit den Armen so verzagt tat, und auf einmal sah er, daß ihr eine Hand abgehackt sei. »Aha«, dachte er sich, »das fehlt dir«, und lief zornig über die Stiege hinab und erzählte dem Mühlknecht, was er gesehen habe. Der Bursche merkte wohl auch sogleich, daß die Katze niemand anders gewesen war, als die Meisterin, und daß diese eine böse Hexe war.

[Märchen aus Tirol]

Hexen als Katzen

Als mein Vater noch ein Knabe war, passierte hier folgende Geschichte, erzählte eine alte Frau in Kiel. In einem Haus auf dem Walkerdamm, das einem Mann namens Arp gehörte, war mehrere Tage schon ein gewaltiger Lärm von Katzen auf dem Boden gewesen. Eines Abends will das Dienstmädchen Heu vom Boden für die Kühe herabholen. Da das Geheul der Katzen fortdauerte, sagte sie: »Du verdammte Katt, wat jaulst du so?« und wirft dann mit dem Schürhaken nach der Katze.

Wie das eben geschehen ist, fahren alle Katzen auf das Mädchen los, zerreißen und beißen sie und machen sie ganz zuschande. Das Mädchen schrie und jammerte, aber es dauerte noch etwas, ehe die Herrschaft es hörte und hinaufkam. Da konnten sie kaum die Katzen von dem Mädchen loskriegen. Das Mädchen war davon sterbenskrank geworden. Es hielt zehn bis elf Wochen an; die Doktors konnten ihr nicht helfen, und im Hause war jede Nacht ein schrecklicher Lärm, die Katzen schrien und miauten, auch die Kühe brüllten beständig, keiner wagte sich auf den Boden.

Da hörten die Leute endlich, daß ein Mann auf Dorfgaarden wohne, namens Thöming, der so was verstehe. Sie ließen ihn holen, und als er die Kranke sah, so sagte er, er wolle bald helfen. Er setzte sich darauf vor das Bett, drückte aus einer Wunde des Mädchens etwas Blut und fing dann an zu lesen aus einem Buche. Da kamen alle Katzen in die Stube über die Schwelle gepurzelt nacheinander bis vor das Bett, gewiß zehn Stück; dann hat er wieder gelesen und sie ebenso wieder hinausgelesen. Am andern Morgen war die nächste Nachbarin ebenso zerrissen wie das Mädchen; denn sie war eine Hexe gewesen, und nun hatte der Mann die Katzen durch das Lesen gezwungen, sie auch so zu zerreißen. Von dieser Zeit an war alles ruhig im Haus, das Mädchen ward wieder gesund, aber hinkte davon. »Als ich ein kleines Kind war, habe ich sie noch gekannt«, sagte die alte Frau.

[Sage aus Schleswig-Holstein]

Die Teufelskatze

Es war mal ein Bauer, der hatte drei schöne große Katzen. Sein Nachbar kam und bat ihn um eine. Er erhielt sie und setzte sie auf den Boden, um sie anzugewöhnen. Nachts steckte die Katze den Kopf durch die Bodenluke und fragte: »Was soll ich bringen über Nacht?«

»Mäuse sollst du bringen«, antwortete der Bauer.

Da fing die Katze Mäuse und warf sie alle auf die Diele. Am andern Morgen lag die Diele so voll, daß man die Tür gar nicht öffnen konnte, und der Bauer fuhr den ganzen Tag die Mäuse fuderweise weg. Nachts steckte die Katze den Kopf wieder durchs Bodenloch und fragte: »Was soll ich bringen über Nacht?«

»Roggen sollst du bringen«, antwortete der Bauer.

Da schüttete die Katze die ganze Nacht Roggen hinab, daß man morgens wieder die Tür nicht öffnen konnte. Da merkte der Bauer, daß die Katze eine Hexe war, und brachte sie wieder zum Nachbarn. Und daran hat er klug getan; denn hätte er ihr zum drittenmal Arbeit gegeben, so hätte er sie niemals wieder loswerden können. Aber daran tat er nicht klug, daß er nicht das zweite Mal sagte: »Geld sollst du bringen!« Dann hätte er soviel Geld gehabt, als nun Roggen.

[Sage aus Schleswig-Holstein]

Die Katzenlinde

Zwischen Huysse und Auweghem steht eine uralte Linde, die in der ganzen Gegend unter jung und alt nur unter dem Namen Katzenlinde bekannt ist. Einem Bauern aus Auweghem begegnete daselbst folgendes: Er hatte sich nach langem Arbeiten an einem heißen Sommertag abends neben die Linde gesetzt, um ein wenig auszuruhen. Langsam fiel er in Schlaf, und daraus wurde er erst tief in der Nacht durch süße Laute geweckt, die ihm aus der Luft zu kommen schienen. Er rieb sich die Augen und sah einmal nach oben, und da bemerkte er denn zu seinem großen Erstaunen, daß die Linde von Katzen wimmelte, und erkannte zugleich, daß diese es waren, die jene liebliche Musik machten. Erschrocken wollte er auf und davon eilen, aber das ganze Feld war mit Katzen bedeckt, von denen einige Teig bereiteten, andere Kuchen backten und wieder andere, in weiten Kreisen umtanzend, die Kuchen lustig verzehrten. Während der Bauersmann noch verwundert auf all das sonderliche Getreibe hinstarrte, kam ein artig weiß Kätzchen auf ihn zu und frage ihn mit sanfter Stimme: »Bäuerlein, möchtet Ihr nicht ein Küchelchen mitknappeln?«

Der Bauer dankte höflich dreimal, da das Kätzchen ihn aber so sehr nötigte, nahm er es endlich an. Man brachte ihm bald einen mit Kuchen hochbeladenen Teller, und er machte, nach löblichem christlichen Brauch, sein Kreuzchen, doch im selben Augenblick waren all die Katzen verschwunden und jammerten und miauten greulich auf ihrem Abzug durch die Luft: der Bauer aber fand sich auf der Spitze des Baumes wieder. Er kletterte schnell herunter und eilte dem Dorf zu; als er auf der Schwelle seines Hauses stand, da schlug die Kirchenuhr eins. Er erzählte seiner um ihn in Sorgen wachenden Frau den wunderbaren Vorfall, stand am folgenden Tage nicht vom Bette auf und starb am Morgen des dritten Tages.

Einige sagen, der Mann habe nach dem ersten Bisse in einen der Kuchen in Gottes Namen um ein wenig Salz gebeten, worauf die Katzen verschwunden wären.

[Deutsche Sage]

Kätzchen unter der Bütte

Ein Lehrjunge kehrte spät von einem Trinkgelage nach seines Meisters Haus zurück und fand auf der Straße ein artiges, kleines, schwarzes Kätzchen. Das nahm er auf, und trug es mit sich nach Hause, wo er es unter eine Bütte ohne Ohren setzte. »Wollen sie das Tierchen morgen behalten«, dachte er bei sich selbst, »dann können sie es tun; wo nicht, dann lasse ich es wieder laufen.«

Am andern Morgen kam er zu der Bütte zurück und hob die auf, um das Kätzchen seinem Meister zu zeigen; aber wie erschrak er, als er nicht mehr das Kätzchen, sondern ein steinaltes kleines Weib unter der Bütte fand, und das schrie ihm zu: »Du wirst mich diesen Abend auf dieselbe Stelle zurückbringen, von wo du mich geholt hast, und tust du das nicht, dann breche ich dir den Hals.«

Voll Angst lief der Bursche zu dem Meister und erzählte dem die ganze Sache, und der schickte ihn zum Pfarrer. Dieser dachte lange nach, was da wohl zu machen wäre, und sprach endlich: »Es bleibt kein anderer Rat, als daß du tust, was das Weib dir befohlen hat.« Dazu war der Bursche aber zu bange, und er konnte erst seinen Willen darein geben, nachdem der Pfarrer ihm gedroht hatte, das Weib werde ihm den Nacken brechen, und versprochen, daß er ihn geleiten wolle. In dem letzten hielt der Pastor auch sein Wort.

Er kam abends zu dem Burschen und ging mit ihm zur Bütte. Als die aufgehoben wurde, saß das Kätzchen vom vorigen Abend wieder darunter; der Bursche nahm es auf und ging zu dem Ort, wo er es gefunden hatte. Der Pfarrer folgte. Je weiter sie kamen, um so schwerer wurde das Kätzchen, und das ging so lange fort, bis dem Burschen der blutige Schweiß vom Leibe herunterlief. Als sie endlich an der Stelle angekommen waren, wo das Kätzchen am vergangenen Abend gesessen hatte, da warf der Bursche es nieder, so hart er konnte. Fallen sah er es zwar nicht, doch bekam er von unsichtbarer Hand einen so fürchterlichen Schlag, daß er ohnmächtig zusammenstürzte.

[Deutsche Sage]

Die Katzentaufe

In einem Dorf in der Umgegend von Rotenburg waren einmal mehrere Mädchen in einer Lichtstube versammelt, um zu spinnen. Da trieben sie allerlei Torheit miteinander und kamen endlich auch auf den gottlosen Gedanken, daß sie eine Katze taufen wollten, und führten das auch aus, grade so wie man sonst ein Kind tauft. Kaum aber waren sie damit fertig, so klopfte es an der Tür, und weil niemand »Herein!« zu sagen wagte, so rief alsbald eine Stimme draußen: »Diejenige, welche die Katze getauft hat, soll herauskommen!« Diese aber weigerte sich und wollte nicht gehen, obwohl die Stimme zum zweiten und dann zum dritten Mal sich hören ließ. Da entsetzten sich aber alle Anwesenden so sehr, daß sie die Katzentäuferin mit Gewalt zur Tür hinausschoben, worauf sie der Teufel auf der Stelle erwürgte.

Nach einer andern Erzählung verlangte der Teufel die beiden Paten der Katze; als die aber nicht hinauswollten, so kam der Teufel selbst herein, nahm sie und flog mit ihnen auf und davon durch die Luft, daß man nichts wieder von ihnen gesehen hat.

[Sage aus Schwaben]

Hexen stehlen Kinder

Eine Frau aus Derendingen hatte ein Kind geboren, das lange nicht getauft wurde. Als nun die Mutter in der Nacht einmal aufwachte und ihr Kleines säugen wollte, war es fort und nirgends zu finden. Da kam der Mann eben nach Haus, und die Frau klagte und sagte: »Ach, ich habe mein Kind nicht mehr!« Sprach der Mann: »Das hat gewiß eine Hexe gestohlen. Als ich auf dem Heimwege war, schrien da so viele Katzen in einem Garten, daß mir es auffiel. Ich will doch sogleich einmal hingehen.«

Darauf nahm der Mann seinen Säbel in die Hand und begab sich in den Garten, und wie er hinkam, bildeten da die Katzen einen Kreis, und mitten drinnen sah er sein Kind sitzen; auf dem tanzten sie herum, daß es laut schrie. Da nahm er sein Kind und wehrte mit dem Säbel die Katzen ab, die ganz wild wurden; zwei aber verfolgten ihn bis an seine Haustür. Hier sprang auf einmal die eine auf ihn los; er aber versetzte ihr mit dem Säbel einen kräftigen Hieb auf die Brust, worauf er plötzlich seines Nachbars Frau erbärmlich schreien hörte. Die hatte auch richtig von dem Hiebe eine große Wunde in der Brust, daß sie schier ums Leben gekommen wäre; und seitdem wußte man gewiß, wer die Hexe war, die das Kind gestohlen.

[Sage aus Schwaben]

Die Unglückskatze

Eines Tages (ich meine, es war im Jahre 1842) brachte Graf Alexander von Württemberg meinem Vater ein Bild in einem einfachen schwarzem Rahmen. Es stellte eine Wildkatze in Lebensgröße dar. Sie war mit schwarzer Kreide auf bläuliches Papier gezeichnet, und diese Farbe des Papiers zeigte sich auch in den Augen der Katze wieder, die sonst ganz dunkel gehalten war.

Je länger man das Bild anblickte, desto mehr war man betroffen von der lebendigen Wahrheit der Zeichnung, namentlich schauten einen die Augen der Katze so bös und drohend an, daß es einem ordentlich unheimlich wurde, und jetzt noch nach so vielen Jahren kann ich ihren Blick nicht vergessen.

»Lieber Justel, ich habe dir hier ein Bild mitgebracht, es ist so gut gemalt, daß ich es nicht verbrennen wollte, und doch kann ich es nicht mehr länger behalten, es würde mich närrisch machen. Bei einem früher in meinem Dienst gestandenen Jäger, der später Forstwart bei Eßlingen wurde, habe ich es einmal an der Wand hängen sehen und oft daran denken müssen. Vor zwei Monaten hat er sich, obgleich er in anscheinend glücklichen Verhältnissen lebte, erschossen. Da habe ich es von der Frau gekauft und unter anderen Jagdbildern in meinem Schreibzimmer aufgehängt, aber ich kann die Augen dieser Katze nicht ertragen, und während ich den anderen Bildern keine Aufmerksamkeit schenke, muß ich dieses Bild unwillkürlich täglich anschauen, ich fühle, daß es mich ganz melancholisch macht, so daß es mir am Ende erginge wie dem Forstwart, darum bringe ich es dir, mein Justel, du bist der Herr der Geister, auf dich hat der böse Zauber keinen Einfluß.« Die Katze hing nun im Studierzimmer meines Vaters, wir hießen sie die Alexanderkatze und hatten alle unsere Freude daran.

Aber die Augen, die Augen! Sie waren gar zu bösartig, und man konnte den Blick nicht davon abwenden. So hing sie da lange Zeit, doch immer mehr fühlte mein Vater eine – wie wir es nannten – ungerechte Abneigung gegen dieselbe, er behauptete, ihr Anblick mache ihn ganz trübsinnig. Doch weil es das letzte Geschenk seines unterdessen verstorbenen Alexanders war, wollte er sie nicht hergeben. Eines Morgens aber brachte er sie mir und sagte: »Jetzt nimm du die Alexanderkatze, ich kann's nimmer aushalten!«

Ich war erfreut, die Zeichnung zu haben, und hielt mich gewappnet gegen jeden Aberglauben. »Was doch die Einbildung macht!« dachte ich, indem ich dem Katzenbild einen Platz unter anderen Bildern über meinem Schreibtisch einräumte. »Hätte Alexander nicht gesagt, die Katze mache ihn melancholisch, hätte auch mein Vater nichts von dergleichen verspürt. Einer steckt den andern an.«

Ich schenkte dem Katzenbild bald keine Beachtung mehr, und es mochte schon ein Jahr dort hängen, als es mir in einer Winternacht – ich schrieb zu später Zeit an meinem Arbeitstisch noch einen Brief – plötzlich vorkam, ich sei nicht allein im Zimmer; ich hatte die unheimliche Empfindung, es schleiche etwas Fremdes an mich heran. Ich sah schnell auf, und meine Blicke trafen die Augen der Katze. Von jetzt an wußte ich, daß es keinen Frieden mehr zwischen uns gebe, ihre Augen schienen mich feindlich zu verfolgen, und ich war innerlich voll Haß gegen sie und das Traurigste dabei, daß ich fühlte, wie sie stärker war als ich, ihre Blicke schienen langsam jede Lebenskraft aus mir zu saugen, meine Gedanken zu absorbieren. Aber dennoch wollte ich sie nicht vom Nagel nehmen, ich schämte mich meiner Schwäche.

Da sagte eines Tages mein Vater: »Ich begreife nicht, wie du die Katze immer noch im Zimmer haben magst, auf mich macht sie immer noch einen dämonischen Eindruck.«

»Wenn das ist, so tue ich sie weg«, entgegnete ich und war froh, einen Grund außer mir zu haben, den unseligen Bann zu lösen.

Nun kannte ich einen Herrn, der war ein lustiger Lebemann, dabei Jäger und großer Tierfreund. Er hatte sein Haus neu herrichten lassen. »Hier habe ich ein Bild für Ihren Hausgang«, sagte ich, natürlich ohne ihm irgend etwas von dem Lebenslauf und dem Wirken des Bildes zu sagen. Er dankte freundlichst und hängte es in den Hausgang. Nach einem halben Jahr wurde er ohne äußere Beweggründe trübsinnig und tat sich einen Tod an.

Unser erster Gedanke war: Die Alexanderkatze!

Ein Verwandter des Verunglückten nahm die Katze mit sich, und nach einigen Monaten wurde er tot im Bett gefunden, ob durch fremde Hand oder durch eigene, bleibt bis heute ein Rätsel.

Was aus der Katze weiter geworden, und auf wen sie jetzt unheilvoll niederschaut, weiß ich nicht.

[Theobald Kerner]

Die Hexenwäsche

In Karlsruhe war einst eine Magd, die, wenn sie nachts waschen mußte, von niemandem sich dabei helfen ließ, dennoch aber am Morgen allemal mit der ganzen Wäsche schon fertig war. Ihrer Herrschaft kam dies so bedenklich vor, daß sie einem Bedienten den Auftrag gab, bei nächster Gelegenheit die Magd scharf zu beobachten.

Er tat es und sah in der Waschküche eine Menge Katzen um den Zuber auf den Hinterbeinen stehen und emsig waschen, während die Magd nur das Feuer unterhielt und öfters zu einer schwarzen Katze, der größten von allen, sagte: »Mohrle, nur sauber!«

Nachdem der Bediente seinen Herrn herbeigeholt und beide eine Weile unbemerkt zugesehen hatten, begaben sie sich wieder zu Bett. Am Morgen hing, wie jedesmal, sämtliche Wäsche blendend weiß auf dem Trockenseil; aber als noch am selben Tag die Magd ihren Abschied erhalten und, ohne nach der Ursache zu fragen, das Haus verlassen hatte, fand man die Wäsche wieder so schmutzig, als ob sie gar nicht gewaschen worden wäre.

Von dieser Geschichte rührt die in Karlsruhe noch übliche Ermahnungsweise her: »Mohrle, nur sauber!«

[Sage aus Baden]

Das Mattisetier

Am Weihnachtsabend legte sich ein junges fremdes Kätzchen vor das Fenster eines Hauses in Reinach, dessen Bewohner Mattise genannt wurden. Sie ließen das verlaufene Tierchen aus der Kälte herein und gaben ihm ein Stückchen Fleisch vom Essen, bei dem sie gerade wie am Heiligen Abend fröhlich beisammen saßen. Aber damit hatten sich diese Leute einen Kobold ins Haus geschafft, den sie nun sieben ganze Jahre nicht mehr loswerden konnten. Mit dem einen Mädchen der Familie lebte das Tierchen zwar in vertraulicher Art, schlief bei ihm, lief mit ihm zur Feldarbeit hinaus und war, wo dasselbe ging und stand, zugegen auf eine oft wundersame Weise; um so unleidlicher und boshafter aber tat es gegen alle übrigen Hausbewohner; es machte so vielerlei Streiche, daß man die verschriene Katze bald überall nur als das Mattisetier kannte.

Sooft man buk, fand sich wenigstens ein Brotlaib bis auf die bloße Rinde ausgefressen; fingerweise war der Honighafen ausgestrichen, und die schönste Wäsche im Schrank war sicherlich nicht mehr sauber, wenn man gerade ein Stück für den nächsten Feiertag herausnehmen wollte. Da war denn die Hausfrau immer in Verlegenheit, die heilige Zeit entweder durch Waschen oder gar durch Aufbreiten eines unsäuberlichen Tischtuches entweihen zu sollen. Lieber wusch sie dann manchmal noch die ganze Nacht durch. Aber auch dies zog ihr neuen Verdruß zu. Sie wurde in ihrem unzeitigen Hausfleiß entdeckt und nach der Strenge des frühern Brauches alsbald vor das Sittengericht geladen.

Darüber schämte sie sich gar sehr; da sie jedoch bei ihrer nächtlichen Wäscherei unmöglich von jemand hatte gesehen werden können, so bestand sie einmal vor Gericht darauf, daß man ihr auch den wiederholten heimlichen Angeber nenne. Man meldete ihr den Namen eines schon lange verrufenen Weibes und entließ sie mit einer geringen Buße.

Wer hätte denken sollen, daß ebendieses schlecht beleumdete Weib und jenes Mattisetier eine und dieselbe Person seien. Aber jetzt erwies es sich. Denn bald darauf wurde die böse Angeberin wegen allerlei Zaubers verhaftet, und da sie noch mehr gestand, als man nur vermutet hatte, so führte man sie aufs Schloß Lenzburg zum Berner Landvogt, der sie als Hexe verbrennen ließ. Da hörte aller Unfug im Reinacher Hause auf.

[Sage aus der Schweiz]

Die Katze aus dem Weidenbaum

Ein Bauernknecht von Straßleben erzählte, wie daß in ihrem Dorf eine gewisse Magd wäre, dieselbe hätte sich zuweilen vom Tanze hinwegverloren, daß niemand wußte, wo sie hinkommen, bis sie eine feine Weile hernach sich wieder eingefunden. Einmal beredete er sich mit anderen Knechten, dieser Magd nachzugehn. Als sie nun sonntags wieder zum Tanz kam und sich mit den Knechten erlustigte, ging sie auch wieder ab. Etliche schlichen ihr nach, sie ging das Wirtshaus hinaus aufs Feld und lief ohne Umsehen fort, einer hohlen Weide zu, in welcher sie sich versteckte. Die Knechte folgten nach, begierig zu sehen, ob sie lange in der Weide verharren würde, und warteten an einem Ort, wo sie wohlverborgen standen. Eine kleine Weile drauf merkten sie, daß eine Katze aus der Weide sprang und immer querfeldein nach Langendorf lief. Nun traten die Knechte näher zur Weide, da lehnte das Mensch oder vielmehr ihr Leib ganz erstarret, und sie vermochten ihn weder mit Rütteln noch Schütteln zum Leben bringen. Sie kommt ein Grauen an, sie lassen den Leib stehen und gehen an ihren vorigen Ort. Nach einiger Zeit spüren sie, daß die Katze den ersten Weg zurückgeht, in die Weide einschlüpft, die Magd aus der Weide kriecht und nach dem Dorf zugeht.

[Sage der Brüder Grimm]

Der zauberkräftige Kater

Zauberkräftige Katzen erheben sich über den Menschen und richten ihn: Das phantastische Märchen Theodor Storms »In Bulemanns Haus« thematisiert die fortschreitende materielle Entfremdung des Menschen in einer von Habgier und Geld beherrschten Welt. Bulemann symbolisiert die brutale Hartherzigkeit des Menschen gegenüber dem Elend. Zwei Katzen mit den sprechenden Namen Graps und Schnores wachsen plötzlich zu furchterregenden Raubtieren an und drohen mit ihren scharfen Krallen.

In Bulemanns Haus

In einer norddeutschen Seestadt, in der sogenannten Düsternstraße, steht ein altes verfallenes Haus. Es ist nur schmal, aber drei Stockwerke hoch; in der Mitte desselben, vom Boden bis fast in die Spitze des Giebels, springt die Mauer in einem erkerartigen Ausbau vor, welcher für jedes Stockwerk nach vorne und an den Seiten mit Fenstern versehen ist, so daß in hellen Nächten der Mond hindurchscheinen kann.

Seit Menschengedenken ist niemand in dieses Haus hinein- und niemand herausgegangen; der schwere Messingklopfer an der Haustür ist fast schwarz von Grünspan, zwischen den Ritzen der Treppensteine wächst jahraus, jahrein das Gras.

Wenn ein Fremder fragt: »Was ist denn das für ein Haus?«, so erhält er gewiß zur Antwort: »Es ist Bulemanns Haus«; wenn er aber weiter fragt: »Wer wohnt denn darin?«, so antworten sie ebenso gewiß: »Es wohnt so niemand darin.«

Die Kinder auf den Straßen und die Ammen an der Wiege singen:

In Bulemanns Haus,
In Bulemanns Haus,
Da gucken die Mäuse
Zum Fenster hinaus.

Und wirklich wollen lustige Brüder, die von nächtlichen Schmäusen dort vorbeigekommen, ein Gequieke wie von unzähligen Mäusen hinter den dunklen Fenstern gehört haben. Einer, der im Übermut den Türklopfer anschlug, um den Widerhall durch die öden Räume schollern zu hören, behauptet sogar, er habe drinnen auf den Treppen ganz deutlich das Springen großer Tiere gehört. »Fast«, pflegt er, dies erzählend, hinzuzusetzen, »hörte es sich an wie die Sprünge der großen Raubtiere, welche in der Menageriebude auf dem Rathausmarkte gezeigt wurden.«

Das gegenüberstehende Haus ist um ein Stockwerk niedriger, so daß nachts das Mondlicht ungehindert in die oberen Fenster des alten Hauses fallen kann. Aus einer solchen Nacht hat auch der Wächter etwas zu erzählen; aber es ist nur ein kleines altes Menschenantlitz mit einer bunten Zipfelmütze, das er droben hinter den runden Erkerfenstern gesehen haben will. Die Nachbarn dagegen meinen, der Wächter sei wieder einmal betrunken gewesen; sie hätten drüben an den Fenstern niemals etwas gesehen, das einer Menschenseele gleich gewesen.

Am meisten Auskunft scheint noch ein alter, in einem entfernten Stadtviertel lebender Mann geben zu können, der vor Jahren Organist an der St. Magdalenenkirche gewesen ist. »Ich entsinne mich«, äußerte er, als er einmal darüber befragt wurde, »noch sehr wohl des hagern Mannes, der während meiner Knabenzeit allein mit einer alten Weibsperson in jenem Hause wohnte. Mit meinem Vater, der ein Trödler gewesen ist, stand er ein paar Jahre lang in lebhaftem Verkehr, und ich bin derzeit manches Mal mit Bestellungen an ihn geschickt worden. Ich weiß auch noch, daß ich nicht gern diese Wege ging und oft allerlei Ausflucht suchte; denn selbst bei Tage fürchtete ich mich, dort die schmalen dunklen Treppen zu Herrn Bulemanns Stube im dritten Stock hinaufzusteigen. Man nannte ihn unter den Leuten den ›Seelenverkäufer‹; und schon dieser Name erregte in mir Angst, zumal daneben allerlei unheimlich Gerede über ihn im Schwange ging. Er war, ehe er nach seines Vaters Tode das alte Haus bezogen, viele Jahre als Supercargo auf Westindien gefahren. Dort sollte er sich mit einer Schwarzen verheiratet haben; als er aber heimgekommen, hatte man vergebens darauf gewartet, eines Tages auch jene Frau mit einigen dunkeln

Kindern anlangen zu sehen. Und bald hieß es, er habe auf der Rückfahrt ein Sklavenschiff getroffen und an den Kapitän desselben sein eigen Fleisch und Blut nebst ihrer Mutter um schnödes Gold verkauft. Was Wahres an solchen Reden gewesen, vermag ich nicht zu sagen«, pflegte der Greis hinzuzusetzen; »denn ich will auch einem Toten nicht zu nahetreten; aber so viel ist gewiß, ein geiziger und menschenscheuer Kauz war es; und seine Augen blickten auch, als hätten sie bösen Taten zugesehen. Kein Unglücklicher und Hülfesuchender durfte seine Schwelle betreten; und wann immer ich damals dort gewesen, stets war von innen die eiserne Kette vor die Tür gelegt. Wenn ich dann den schweren Klopfer wiederholt hatte anschlagen müssen, so hörte ich wohl von der obersten Treppe herab die scheltende Stimme des Hausherrn: ›Frau Anken! Frau Anken! Ist Sie taub? Hört Sie nicht, es hat geklopft!‹ Alsbald ließen sich aus dem Hinterhause über Pesel und Korridor die schlurfenden Schritte des alten Weibes vernehmen. Bevor sie aber öffnete, fragte sie hüstelnd: ›Wer ist es denn?‹, und erst, wenn ich geantwortet hatte: ›Es ist der Leberecht!‹, wurde die Kette drinnen abgehakt. Wenn ich dann hastig die siebenundsiebzig Treppenstufen – denn ich habe sie einmal gezählt – hinaufgestiegen war, pflegte Herr Bulemann auf dem kleinen dämmerigen Flur vor seinem Zimmer schon auf mich zu warten; in dieses selbst hat er mich nie hineingelassen. Ich sehe ihn noch, wie er in seinem gelbgeblümten Schlafrock mit der spitzen Zipfelmütze vor mir stand, mit der einen Hand rücklings die Klinke seiner Zimmertür haltend. Während ich mein Gewerbe bestellte, pflegte er mich mit seinen grellen runden Augen ungeduldig anzusehen und mich darauf hart und kurz abzufertigen. Am meisten erregten damals meine Aufmerksamkeit ein paar ungeheuere Katzen, eine gelbe und eine schwarze, die sich mitunter hinter ihm aus seiner Stube drängten und ihre dicken Köpfe an seinen Knien rieben. Nach einigen Jahren hörte indessen der Verkehr mit meinem Vater auf, und ich bin nicht mehr dort gewesen. Dies alles ist nun über siebzig Jahre her, und Herr Bulemann muß längst dahin getragen sein, von wannen niemand wiederkehrt.«

Der Mann irrte sich, als er so sprach. Herr Bulemann ist nicht aus seinem Haus getragen worden; er lebt darin noch jetzt.

Das ist aber so zugegangen.

Vor ihm, dem letzten Besitzer, noch um die Zopf- und Haarbeutelzeit, wohnte in jenem Hause ein Pfandverleiher, ein altes verkrümmtes Männchen. Da er sein Gewerbe mit Umsicht seit über fünf Jahrzehnten betrieben hatte und mit einem Weibe, das ihm seit dem Tode seiner Frau die Wirtschaft führte, aufs spärlichste lebte, so war er endlich ein reicher Mann geworden. Dieser Reichtum bestand aber zumeist in einer fast unübersehbaren Menge von Pretiosen, Geräten und seltsamstem Trödelkram, was er alles von Verschwendern oder Notleidenden im Lauf der Jahre als Pfand erhalten hatte und das dann, da die Rückzahlung des darauf gegebenen Darlehns nicht erfolgte, in seinem Besitz zurückgeblieben war.

Da er bei einem Verkauf dieser Pfänder, welcher gesetzlich durch die Gerichte geschehen mußte, den Überschuß des Erlöses an die Eigentümer hätte herausgeben müssen, so häufte er sie lieber in den großen Nußbaumschränken auf, mit denen zu diesem Zwecke nach und nach die Stuben des ersten und endlich auch des zweiten Stockwerks besetzt wurden. Nachts aber, wenn Frau Anken im Hinterhause in ihrem einsamen Kämmerchen schnarchte und die schwere Kette vor der Haustür lag, stieg er oft mit leisem Tritt die Treppen auf und ab. In seinen hechtgrauen Rockelor eingeknöpft, in der einen Hand die Lampe, in der andern das Schlüsselbund, öffnete er bald im ersten, bald im zweiten Stockwerk die Stuben- und die Schranktüren, nahm hier eine goldene Repetieruhr, dort eine emaillierte Schnupftabaksdose aus dem Versteck hervor und berechnete bei sich die

Jahre ihres Besitzes und ob die ursprünglichen Eigentümer dieser Dinge wohl verkommen und verschollen seien oder ob sie noch einmal mit dem Gelde in der Hand wiederkehren und ihre Pfänder zurückfordern könnten.

Der Pfandverleiher war endlich im äußersten Greisenalter von seinen Schätzen weggestorben und hatte das Haus nebst den vollen Schränken seinem einzigen Sohne hinterlassen müssen, den er während seines Lebens auf jede Weise daraus fernzuhalten gewußt hatte.

Dieser Sohn war der von dem kleinen Leberecht so gefürchtete Supercargo, welcher eben von einer überseeischen Fahrt in seine Vaterstadt zurückgekehrt war. Nach dem Begräbnis des Vaters gab er seine früheren Geschäfte auf und bezog dessen Zimmer im dritten Stock des alten Erkerhauses, wo nun statt des verkrümmten Männchens im hechtgrauen Rockelor eine lange hagere Gestalt im gelbgeblümten Schlafrock und bunter Zipfelmütze auf und ab wandelte oder rechnend an dem kleinen Pulte des Verstorbenen stand. – Auf Herrn Bulemann hatte sich indessen das Behagen des alten Pfandverleihers an den aufgehäuften Kostbarkeiten nicht vererbt. Nachdem er bei verriegelten Türen den Inhalt der großen Nußbaumschränke untersucht hatte, ging er mit sich zu Rate, ob er den heimlichen Verkauf dieser Dinge wagen solle, die immer noch das Eigentum anderer waren und an deren Wert er nur auf Höhe der ererbten und, wie die Bücher ergaben, meist sehr geringen Darlehnsforderung einen Anspruch hatte. Aber Herr Bulemann war keiner von den Unentschlossenen. Schon in wenigen Tagen war die Verbindung mit einem in der äußersten Vorstadt wohnenden Trödler angeknüpft, und nachdem man einige Pfänder aus den letzten Jahren zurückgesetzt hatte, wurde heimlich und vorsichtig der bunte Inhalt der großen Nußbaumschränke in gediegene Silbermünzen umgewandelt. Das war die Zeit, wo der Knabe Leberecht ins Haus gekommen war.

Das gelöste Geld tat Herr Bulemann in große eisenbeschlagene Kasten, welche er nebeneinander in seine Schlafkammer setzen ließ; denn bei der Rechtlosigkeit seines Besitzes wagte er nicht, es auf Hypotheken auszutun oder sonst öffentlich anzulegen.

Als alles verkauft war, machte er sich daran, sämtliche für die mögliche Zeit seines Lebens denkbare Ausgaben zu berechnen. Er nahm ein Alter von neunzig Jahren in Ansatz und teilte dann das Geld in einzelne Päckchen je für eine Woche, indem er auf jedes Quartal noch ein Röllchen für unvorhergesehene Ausgaben dazulegte. Dieses Geld wurde für sich in einen Kasten gelegt, welcher nebenan in dem Wohnzimmer stand; und alle Sonnabend morgen erschien Frau Anken, die alte Wirtschafterin, die er aus der Verlassenschaft seines Vaters mit übernommen hatte, um ein neues Päckchen in Empfang zu nehmen und über die Verausgabung des vorigen Rechenschaft zu geben.

Wie schon erzählt, hatte Herr Bulemann Frau und Kinder nicht mitgebracht; dagegen waren zwei Katzen von besonderer Größe, eine gelbe und eine schwarze, am Tage nach der Beerdigung des alten Pfandverleihers durch einen Matrosen in einem fest zugebundenen Sack vom Bord des Schiffes ins Haus getragen worden. Diese Tiere waren bald die einzige Gesellschaft ihres Herrn. Sie erhielten mittags ihre eigene Schüssel, die Frau Anken unter verbissenem Ingrimm tagaus und tagein für sie bereiten mußte; nach dem Essen, während Herr Bulemann sein kurzes Mittagsschläfchen abtat, saßen sie gesättigt neben ihm auf dem Kanapee, ließen ein Läppchen Zunge hervorhängen und blinzelten ihn schläfrig aus ihren grünen Augen an. Waren sie in den unteren Räumen des Hauses auf der Mausjagd gewesen, was ihnen indessen immer einen heimlichen Fußtritt von dem alten Weibe eintrug, so brachten sie gewiß die gefangenen Mäuse zuerst ihrem Herrn im Maule hergeschleppt und zeigten sie ihm, ehe sie unter das Kanapee krochen und sie verzehrten. War dann die Nacht gekommen und hatte Herr Bulemann die bunte Zipfelmütze mit einer weißen vertauscht, so begab er sich mit seinen beiden Katzen in das große Gardinenbett im Nebenkämmerchen, wo er sich durch das gleichmäßige Spinnen der zu seinen Füßen eingewühlten Tiere in den Schlaf bringen ließ.

Dieses friedliche Leben war indes nicht ohne Störung geblieben. Im Lauf der ersten Jahre waren dennoch einzelne Eigentümer der verkauften Pfänder gekommen und hatten gegen Rückzahlung des darauf erhaltenen Sümmchens die Auslieferung ihrer Pretiosen verlangt. Und Herr Bulemann, aus Furcht vor Prozessen, wodurch sein Verfahren in die Öffentlichkeit hätte kommen können, griff in seine großen Kasten und erkaufte sich durch größere oder kleinere Abfindungssummen das Schweigen der Beteiligten. Das machte ihn noch menschenfeindlicher und verbissener. Der Verkehr mit dem alten Trödler hatte längst aufgehört; einsam saß er auf seinem Erkerstübchen mit der Lösung eines schon oft gesuchten Problems, der Berechnung eines sichern Lotteriegewinnes, beschäftigt, wodurch er dermaleinst seine Schätze ins Unermeßliche zu vermehren dachte. Auch Graps und Schnores, die beiden großen Kater, hatten jetzt unter seiner Laune zu leiden. Hatte er sie in dem einen Augenblick mit seinen langen Fingern getätschelt, so konnten sie sich im andern, wenn etwa die Berechnung auf den Zahlentafeln nicht stimmen wollte, eines Wurfs mit dem Sandfaß oder der Papierschere versehen, so daß sie heulend in die Ecke hinkten.

Herr Bulemann hatte eine Verwandte, eine Tochter seiner Mutter aus erster Ehe, welche indessen schon bei dem Tode dieser wegen ihrer Erbansprüche abgefunden war und daher an die von ihm ererbten Schätze keine Ansprüche hatte. Er kümmerte sich jedoch nicht um diese Halbschwester, obgleich sie in einem Vorstadtviertel in den dürftigsten Verhältnissen lebte; denn noch weniger als mit andern Menschen liebte Herr Bulemann den Verkehr mit dürftigen Verwandten. Nur einmal, als sie kurz nach dem Tode ihres Mannes in schon vorgerücktem Alter ein kränkliches Kind geboren hatte, war sie hülfesuchend zu ihm gekommen. Frau Anken, die sie eingelassen, war horchend unten auf der Treppe sitzengeblieben, und bald hatte sie von oben die scharfe Stimme ihres Herrn gehört, bis endlich die Tür aufgerissen worden und die Frau weinend die Treppe herabgekommen war. Noch an demselben Abend hatte Frau Anken die strenge Weisung erhalten, die Kette fürderhin nicht von der Haustür zu ziehen, falls etwa die Christine noch einmal wiederkommen sollte.

Die Alte begann, sich immer mehr vor der Hakennase und den grellen Eulenaugen ihres Herrn zu fürchten. Wenn er oben am Treppengeländer ihren Namen rief oder auch, wie er es vom Schiffe her gewohnt war, nur einen schrillen Pfiff auf seinen Fingern tat, so kam sie gewiß, in welchem Winkel sie auch sitzen mochte, eiligst hervorgekrochen und stieg stöhnend, Schimpf- und Klageworte vor sich herplappernd, die schmalen Treppen hinauf.

Wie aber in dem dritten Stockwerk Herr Bulemann, so hatte in den unteren Zimmern Frau Anken ihre ebenfalls nicht ganz rechtlich erworbenen Schätze aufgespeichert. – Schon in dem ersten Jahr ihres Zusammenlebens war sie von einer Art kindischer Angst befallen worden, ihr Herr könne einmal die Verausgabung des Wirtschaftsgeldes selbst übernehmen, und sie werde dann bei dem Geize desselben noch auf ihre alten Tage Not zu leiden haben. Um dieses abzuwenden, hatte sie ihm vorgelogen, der Weizen sei aufgeschlagen, und demnächst die entsprechende Mehrsumme für den Brotbedarf gefordert. Der Supercargo, der eben seine Lebensrechnung begonnen, hatte scheltend seine Papiere zerrissen und darauf seine Rechnung von vorn wieder aufgestellt und den Wochenrationen die verlangte

Summe zugesetzt. – Frau Anken aber, nachdem sie ihren Zweck erreicht, hatte zur Schonung ihres Gewissens und des Sprichworts gedenkend: »Geschleckt ist nicht gestohlen«, nun nicht die überschüssig empfangenen Schillinge, sondern regelmäßig nur die dafür gekauften Weizenbrötchen unterschlagen, mit denen sie, da Herr Bulemann niemals die unteren Zimmer betrat, nach und nach die ihres kostbaren Inhalts beraubten großen Nußbaumschränke anfüllte.

So mochten etwa zehn Jahre verflossen sein. Herr Bulemann wurde immer hagerer und grauer, sein gelbgeblümter Schlafrock immer fadenscheiniger. Dabei vergingen oft Tage, ohne daß er den Mund zum Sprechen geöffnet hätte; denn er sah keine lebenden Wesen als die beiden Katzen und seine alte halb kindische Haushälterin. Nur mitunter, wenn er hörte, daß unten die Nachbarskinder auf den Prellsteinen vor seinem Haus ritten, steckte er den Kopf ein wenig aus dem Fenster und schalt mit seiner scharfen Stimme in die Gasse hinab.

»Der Seelenverkäufer, der Seelenverkäufer!« schrien dann die Kinder und stoben auseinander.

Herr Bulemann aber fluchte und schimpfte noch ingrimmiger, bis er endlich schmetternd das Fenster zuschlug und drinnen Graps und Schnores seinen Zorn entgelten ließ.

Um jede Verbindung mit der Nachbarschaft auszuschließen, mußte Frau Anken schon seit geraumer Zeit ihre Wirtschaftseinkäufe in entlegenen Straßen machen. Sie durfte jedoch erst mit dem Eintritt der Dunkelheit ausgehen und mußte dann die Haustür hinter sich verschließen.

Es mochte acht Tage vor Weihnachten sein, als die Alte wiederum eines Abends zu solchem Zwecke das Haus verlassen hatte. Trotz ihrer sonstigen Sorgfalt mußte sie sich indessen diesmal einer Vergessenheit schuldig gemacht haben. Denn als Herr Bulemann eben mit dem Schwefelholz sein Talglicht angezündet hatte, hörte er zu seiner Verwunderung es draußen auf den Stiegen poltern, und als er mit vorgehaltenem Licht auf den Flur hinaustrat, sah er seine Halbschwester mit einem bleichen Knaben vor sich stehen.

»Wie seid ihr ins Haus gekommen?« herrschte er sie an, nachdem er sie einen Augenblick erstaunt und ingrimmig angestarrt hatte.

»Die Tür war offen unten«, sagte die Frau schüchtern.

Er murmelte einen Fluch auf seine Wirtschafterin zwischen den Zähnen. »Was willst du?« fragte er dann.

»Sei doch nicht so hart, Bruder«, bat die Frau, »ich habe sonst nicht den Mut, zu dir zu sprechen.«

»Ich wüßte nicht, was du mit mir zu sprechen hättest; du hast dein Teil bekommen; wir sind fertig miteinander.«

Die Schwester stand schweigend vor ihm und suchte vergebens nach dem rechten Worte. – Drinnen wurde wiederholt ein Kratzen an der Stubentür vernehmbar. Als Herr Bulemann zurückgelangt und die Tür geöffnet hatte, sprangen die beiden großen Katzen auf den Flur hinaus und strichen spinnend an dem blassen Knaben herum, der sich furchtsam vor ihnen an die Wand zurückzog. Ihr Herr betrachtete ungeduldig die noch immer schweigend vor ihm stehende Frau. »Nun, wird's bald?« fragte er.

»Ich wollte dich um etwas bitten, Daniel«, hub sie endlich an. »Dein Vater hat ein paar Jahre vor seinem Tode, da ich in bitterster Not war, ein silbern Becherlein von mir in Pfand genommen.«

»Mein Vater von dir?« fragte Herr Bulemann.

»Ja, Daniel, dein Vater; der Mann von unser beider Mutter. Hier ist der Pfandschein; er hat mir nicht zu viel darauf gegeben.«

»Weiter!« sagte Herr Bulemann, der mit raschem Blick die leeren Hände seiner Schwester gemustert hatte.

»Vor einiger Zeit«, fuhr sie zaghaft fort, »träumte mir, ich gehe mit meinem kranken Kinde auf den Kirchhof. Als wir an das Grab der Mutter kamen, saß sie auf ihrem Grabstein unter einem Busch voll blühender weißer Rosen. Sie hatte jenen kleinen Becher in der Hand, den ich einst als Kind von ihr geschenkt erhalten; als wir aber näher gekommen waren, setzte sie ihn an die Lippen; und indem sie dem Knaben lächelnd zunickte, hörte ich sie deutlich sagen: ›Zur Gesundheit!‹ – Es war ihre sanfte Stimme, Daniel, wie im Leben; und diesen Traum habe ich drei Nächte nacheinander geträumt.«

»Was soll das?« fragte Herr Bulemann.

»Gib mir den Becher zurück, Bruder! Das Christfest ist nahe; leg ihn dem kranken Kinde auf seinen leeren Weihnachtsteller!«

Der hagere Mann in seinem gelbgeblümten Schlafrock stand regungslos vor ihr und betrachtete sie mit seinen grellen runden Augen. »Hast du das Geld bei dir?« fragte er. »Mit Träumen löst man keine Pfänder ein.«

»O Daniel!« rief sie, »glaub unserer Mutter! Er wird gesund, wenn er aus dem kleinen Becher trinkt. Sei barmherzig; er ist ja doch von deinem Blute!«

Sie hatte die Hände nach ihm ausgestreckt; aber er trat einen Schritt zurück. »Bleib mir vom Leibe«, sagte er. Dann rief er nach seinen Katzen. »Graps, alte Bestie! Schnores, mein Söhnchen!« Und der große gelbe Kater sprang mit einem Satz auf den Arm seines Herrn und klauete mit seinen Krallen in der bunten Zipfelmütze, während das schwarze Tier mauzend an seinen Knien hinaufstrebte.

Der kranke Knabe war näher geschlichen. »Mutter«, sagte er, in dem er sie heftig an dem Kleide zupfte, »ist das der böse Ohm, der seine schwarzen Kinder verkauft hat?«

Aber in demselben Augenblick hatte auch Herr Bulemann die Katze herabgeworfen und den Arm des aufschreienden Knaben ergriffen. »Verfluchte Bettelbrut«, rief er, »pfeifst du auch das tolle Lied!«

»Bruder, Bruder!« jammerte die Frau. Doch schon lag der Knabe wimmernd drunten auf dem Treppenabsatz. Die Mutter sprang ihm nach und nahm ihn sanft in ihren Arm; dann aber richtete sie sich hoch auf, und den blutenden Kopf des Kindes an ihrer Brust, erhob sie die geballte Faust gegen ihren Bruder, der zwischen seinen spinnenden Katzen droben am Treppengeländer stand: »Verruchter, böser Mann!« rief sie. »Mögest du verkommen bei deinen Bestien!«

»Fluche, so viel du Lust hast!« erwiderte der Bruder; »aber mach, daß du aus dem Hause kommst.«

Dann, während das Weib mit dem weinenden Knaben die dunkeln Treppen hinabstieg, lockte er seine Katzen und klappte die Stubentür hinter sich zu. – Er bedachte nicht, daß die Flüche der Armen gefährlich sind, wenn die Hartherzigkeit der Reichen sie hervorgerufen hat.

Einige Tage später trat Frau Anken, wie gewöhnlich, mit dem Mittagessen in die Stube ihres Herrn. Aber sie kniff heute noch mehr als sonst mit den dünnen Lippen, und ihre kleinen blöden Augen leuchteten vor Vergnügen. Denn sie hatte die harten Worte nicht vergessen, die sie wegen ihrer Nachlässigkeit an jenem Abend hatte hinnehmen müssen, und sie dachte, sie ihm jetzt mit Zinsen wieder heimzuzahlen.

»Habt Ihr's denn auf St. Magdalenen läuten hören?« fragte sie.

»Nein«, erwiderte Herr Bulemann kurz, der über seinen Zahlentafeln saß.

»Wißt Ihr denn wohl, wofür es geläutet hat?« fragte die Alte weiter.

»Dummes Geschwätz! Ich höre nicht nach dem Gebimmel.«

»Es war aber doch für Euren Schwestersohn!«

Herr Bulemann legte die Feder hin. »Was schwatzest du, Alte?«

»Ich sage«, erwiderte sie, »daß sie soeben den kleinen Christoph begraben haben.«

Herr Bulemann schrieb schon wieder weiter. »Warum erzählst du mir das? Was geht mich der Junge an?«

»Nun, ich dachte nur; man erzählt ja wohl, was Neues in der Stadt passiert.«

Als sie gegangen war, legte aber doch Herr Bulemann die Feder wieder fort und schritt, die Hände auf dem Rücken, eine lange Zeit in seinem Zimmer auf und ab. Wenn unten auf der Gasse ein Geräusch entstand, trat er hastig ans Fenster, als erwarte er schon den Stadtdiener eintreten zu sehen, der ihn wegen der Mißhandlung des Knaben vor den Rat zitieren solle. Der schwarze Graps, der mauzend seinen Anteil an der aufgetragenen Speise verlangte, erhielt einen Fußtritt, daß er schreiend in die Ecke flog. Aber, war es nun der Hunger, oder hatte sich unversehens die sonst so unterwürfige Natur des Tieres verändert, er wandte sich gegen seinen Herrn und fuhr fauchend und prustend auf ihn los. Herr Bulemann gab ihm einen zweiten Fußtritt. »Freßt«, sagte er. »Ihr braucht nicht auf mich zu warten.«

Mit einem Satz waren die beiden Katzen an der vollen Schüssel, die er ihnen auf den Fußboden gesetzt hatte.

Dann aber geschah etwas Seltsames.

Als der gelbe Schnores, der zuerst seine Mahlzeit beendet hatte, nun in der Mitte des Zimmers stand, sich reckte und buckelte, blieb Herr Bulemann plötzlich vor ihm stehen; dann ging er um das Tier herum und betrachtete es von allen Seiten. »Schnores, alter Halunke, was ist denn das?« sagte er, den Kopf des Katers krauend. »Du bist ja noch gewachsen in deinen alten Tagen!«

In diesem Augenblick war auch die andere Katze hinzugesprungen. Sie sträubte ihren glänzenden Pelz und stand dann hoch auf ihren schwarzen Beinen. Herr Bulemann schob sich die bunte Zipfelmütze aus der Stirn. »Auch der!« murmelte er. »Seltsam, es muß in der Sorte liegen.«

Es war indes dämmrig geworden, und, da niemand kam und ihn beunruhigte, so setzte er sich zu den Schüsseln, die auf dem

Tische standen. Endlich begann er sogar seine großen Katzen, die neben ihm auf dem Kanapee saßen, mit einem gewissen Behagen zu beschauen. »Ein paar stattliche Burschen seid ihr!« sagte er, ihnen zunickend. »Nun soll euch das alte Weib unten auch die Ratten nicht mehr vergiften!« – Als er aber abends nebenan in seine Schlafkammer ging, ließ er sie nicht, wie sonst, zu sich herein; und als er sie nachts mit den Pfoten gegen die Kammertür fallen und mauzend daran herunterrutschen hörte, zog er sich das Deckbett über beide Ohren und dachte: »Mauzt nur zu, ich habe eure Krallen gesehen.«

Dann kam der andere Tag, und als es Mittag geworden, geschah dasselbe, was tags zuvor geschehen war. Von der geleerten Schüssel sprangen die Katzen mit einem schweren Satz mitten ins Zimmer hinein, reckten und streckten sich; und als Herr Bulemann, der schon wieder über seinen Zahlentafeln saß, einen Blick zu ihnen hinüberwarf, stieß er entsetzt seinen Drehstuhl zurück und blieb mit ausgerecktem Halse stehen. Dort, mit leisem Winseln, als wenn ihnen ein Widriges angetan würde, standen Graps und Schnores zitternd mit geringelten Schwänzen, das Haar gesträubt; er sah es deutlich, sie dehnten sich, sie wurden groß und größer.

Noch einen Augenblick stand er, die Hände an den Tisch geklammert; dann plötzlich schritt er an den Tieren vorbei und riß die Stubentür auf. »Frau Anken, Frau Anken!« rief er; und da sie nicht gleich zu hören schien, tat er einen Pfiff auf seinen Fingern, und bald schlurrte auch die Alte unten aus dem Hinterhause hervor und keuchte eine Treppe nach der andern herauf.

»Sehe Sie sich einmal die Katzen an!« rief er, als sie ins Zimmer getreten war.

»Die hab ich schon oft gesehen, Herr Bulemann.«

»Sieht Sie daran denn nichts?«

»Daß ich nicht wüßte, Herr Bulemann!« erwiderte sie, mit ihren blöden Augen um sich blinzelnd.

»Was sind denn das für Tiere? Das sind ja gar keine Katzen mehr!« Er packte die Alte an den Armen und rannte sie gegen die Wand. »Rotaugige Hexe!« schrie er, »bekenne, was hast du meinen Katzen eingebraut!«

Das Weib klammerte ihre knöchernen Hände ineinander und begann unverständliche Gebete herzuplappern. Aber die furchtbaren Katzen sprangen von rechts und links auf die Schultern ihres Herrn und leckten ihn mit ihren scharfen Zungen ins Gesicht. Da mußte er die Alte loslassen.

Fortwährend plappernd und hüstelnd schlich sie aus dem Zimmer und kroch die Treppen hinab. Sie war wie verwirrt; sie fürchtete sich, ob mehr vor ihrem Herrn oder vor den großen Katzen, das wußte sie selber nicht. So kam sie hinten in ihre Kammer. Mit zitternden Händen holte sie einen mit Geld gefüllten Strumpf aus ihrem Bett hervor; dann nahm sie aus einer Lade eine Anzahl alter Röcke und Lumpen und wickelte sie um ihren Schatz herum, so daß es endlich ein großes Bündel gab. Denn sie wollte fort, um jeden Preis fort; sie dachte an die arme Halbschwester ihres Herrn draußen in der Vorstadt; die war immer freundlich gegen sie gewesen, zu der wollte sie. Freilich, es war ein weiter Weg, durch viele Gassen, über viele schmale und lange Brücken, welche über dunkle Gräben und Fleten hinwegführten, und draußen dämmerte schon der Winterabend. Es trieb sie dennoch fort. Ohne an ihre Tausende von Weizenbrötchen zu denken, die sie in kindischer Fürsorge in den großen Nußbaumschränken aufgehäuft hatte, trat sie mit ihrem schweren Bündel auf dem Nacken aus dem Hause. Sorgfältig mit dem großen krausen Schlüssel verschloß sie die schwere eichene Tür, steckte ihn in ihre Ledertasche und ging dann keuchend in die finstere Stadt hinaus.

Frau Anken ist niemals wiedergekommen, und die Tür von Bulemanns Haus ist niemals wieder aufgeschlossen worden.

Noch an demselben Tage aber, da sie fortgegangen, hat ein junger Taugenichts, der, den Knecht Ruprecht spielend, in den Häusern umherlief, mit Lachen seinen Kameraden erzählt, da er in seinem rauhen Pelz über die Kreszentiusbrücke gegangen sei, habe er ein altes Weib dermaßen erschreckt, daß sie mit ihrem Bündel wie toll in das schwarze Wasser hinabgesprungen sei.

Auch ist in der Frühe des andern Tages in der äußersten Vorstadt die Leiche eines alten Weibes, welche an einem großen Bündel festgebunden war, von den Wächtern aufgefischt und bald darauf, da niemand sie gekannt hat, auf dem Armenviertel des dortigen Kirchhofs in einem platten Sarge eingegraben worden.

Dieser andere Morgen war der Morgen des Weihnachtsabends. – Herr Bulemann hatte eine schlechte Nacht gehabt; das Kratzen und Arbeiten der Tiere gegen seine Kammertür hatte ihm diesmal keine Ruhe gelassen; erst gegen die Morgendämmerung war er in einen langen, bleiernen Schlaf gefallen. Als er endlich seinen Kopf mit der Zipfelmütze in das Wohnzimmer hineinsteckte, sah er die beiden Katzen laut schnurrend mit unruhigen Schritten umeinander hergehen. Es war schon nach Mittag; die Wanduhr zeigte auf eins. »Sie werden Hunger haben, die Bestien«, murmelte er. Dann öffnete er die Tür nach dem Flur und pfiff nach der Alten. Zugleich aber drängten die Katzen sich hinaus und rannten die Treppen hinab, und bald hörte er von unten aus der Küche herauf Springen und Tellergeklapper. Sie mußten auf den Schrank gesprungen sein, auf den Frau Anken die Speisen für den andern Tag zurückzusetzen pflegte.

Herr Bulemann stand oben an der Treppe und rief laut und scheltend nach der Alten; aber nur das Schweigen antwortete ihm oder von unten herauf aus den Winkeln des alten Hauses ein schwacher Widerhall. Schon schlug er die Schöße seines geblümten Schlafrocks übereinander und wollte selbst hinabsteigen, da polterte es drunten auf den Stiegen, und die beiden

Katzen kamen wieder heraufgerannt. Aber das waren keine Katzen mehr; das waren zwei furchtbare, namenlose Raubtiere. Die stellten sich gegen ihn, sahen ihn mit ihren glimmenden Augen an und stießen ein heiseres Geheul aus. Er wollte an ihnen vorbei, aber ein Schlag mit der Tatze, der ihm einen Fetzen aus dem Schlafrock riß, trieb ihn zurück. Er lief ins Zimmer; er wollte ein Fenster aufreißen, um die Menschen auf der Gasse anzurufen; aber die Katzen sprangen hinterdrein und kamen ihm zuvor. Grimmig schnurrend, mit erhobenem Schweif, wanderten sie vor den Fenstern auf und ab. Herr Bulemann rannte auf den Flur hinaus und warf die Zimmertür hinter sich zu; aber die Katzen schlugen mit der Tatze auf die Klinke und standen schon vor ihm an der Treppe.

Wieder floh er ins Zimmer zurück, und wieder waren die Katzen da.

Schon verschwand der Tag, und die Dunkelheit kroch in alle Ecken. Tief unten von der Gasse herauf hörte er Gesang; Knaben und Mädchen zogen von Haus zu Haus und sangen Weihnachtslieder. Sie gingen in alle Türen; er stand und horchte. Kam denn niemand in seine Tür?

Aber er wußte es ja, er hatte sie selber alle fortgetrieben; es klopfte niemand, es rüttelte niemand an der verschlossenen Haustür. Sie zogen vorüber; und allmählich ward es still, totenstill auf der Gasse. Und wieder suchte er zu entrinnen; er wollte Gewalt anwenden; er rang mit den Tieren, er ließ sich Gesicht und Hände blutig reißen. Dann wieder wandte er sich zur List; er rief sie mit den alten Schmeichelnamen, er strich ihnen die Funken aus dem Pelz und wagte es sogar, ihren flachen Kopf mit den großen weißen Zähnen zu krauen. Sie warfen sich auch vor ihm hin und wälzten sich schnurrend zu seinen Füßen; aber wenn er den rechten Augenblick gekommen glaubte und aus der Tür schlüpfte, so sprangen sie auf und standen, ihr heiseres Geheul ausstoßend, vor ihm.

So verging die Nacht, so kam der Tag, und noch immer rannte er zwischen der Treppe und den Fenstern seines Zimmers hin und wider, die Hände ringend, keuchend, das graue Haar zerzaust.

Und noch zweimal wechselten Tag und Nacht; da endlich warf er sich, gänzlich erschöpft, an allen Gliedern zuckend, auf das Kanapee. Die Katzen setzten sich ihm gegenüber und blinzelten ihn schläfrig aus halb geschlossenen Augen an. Allmählich wurde das Arbeiten seines Leibes weniger, und endlich hörte es ganz auf. Eine fahle Blässe überzog unter den Stoppeln des grauen Bartes sein Gesicht; noch einmal aufseufzend, streckte er die Arme und spreizte die langen Finger über die Knie; dann regte er sich nicht mehr.

Unten in den öden Räumen war es indessen nicht ruhig gewesen. Draußen an der Tür des Hinterhauses, die auf den engen Hof hinausführt, geschah ein emsiges Nagen und Fressen. Endlich entstand über der Schwelle eine Öffnung, die größer und größer wurde; ein grauer Mauskopf drängte sich hindurch, dann noch einer, und bald huschte eine ganze Schar von Mäusen über den Flur und die Treppe hinauf in den ersten Stock. Hier begann das Arbeiten aufs neue an der Zimmertür, und als diese durchnagt war, kamen die großen Schränke daran, in denen Frau Ankens hinterlassene Schätze aufgespeichert lagen. Da war ein Leben wie im Schlaraffenland; wer durch wollte, mußte sich durchfressen. Und das Geziefer füllte sich den Wanst; und wenn es mit dem Fressen nicht mehr fort wollte, rollte es die Schwänze auf und hielt sein Schläfchen in den hohlgefressenen Weizenbrötchen. Nachts kamen sie hervor, huschten über die Dielen oder saßen, ihre Pfötchen leckend, vor dem Fenster und schauten, wenn der Mond schien, mit ihren kleinen blanken Augen in die Gasse hinab.

Aber diese behagliche Wirtschaft sollte bald ihr Ende erreichen. In der dritten Nacht, als eben droben Herr Bulemann seine Augen zugetan hatte, polterte es draußen auf den Stiegen. Die großen Katzen kamen herabgesprungen, öffneten mit einem Schlag ihrer Tatze die Tür des Zimmers und begannen ihre Jagd. Da hatte alle Herrlichkeit ein Ende. Quieksend und pfeifend rannten die fetten Mäuse umher und strebten ratlos an den Wänden hinauf. Es war vergebens; sie verstummten eine nach der andern zwischen den zermalmenden Zähnen der beiden Raubtiere.

Dann wurde es still, und bald war in dem ganzen Hause nichts vernehmbar als das leise Spinnen der großen Katzen, die mit ausgestreckten Tatzen droben vor dem Zimmer ihres Herrn lagen und sich das Blut aus den Bärten leckten.

Unten in der Haustür verrostete das Schloß, den Messingklopfer überzog der Grünspan, und zwischen den Treppensteinen begann das Gras zu wachsen.

Draußen aber ging die Welt unbekümmert ihren Gang. Als der Sommer gekommen war, stand auf dem St. Magdalenenkirchhof auf dem Grabe des kleinen Christoph ein blühender weißer Rosenbusch; und bald lag auch ein kleiner Denkstein unter demselben. Den Rosenbusch hatte seine Mutter ihm gepflanzt; den Stein freilich hatte sie nicht beschaffen können. Aber Christoph hatte einen Freund gehabt; es war ein junger Musikus, der Sohn eines Trödlers, der in dem Hause ihnen gegenüber wohnte. Zuerst hatte er sich unter sein Fenster geschlichen, wenn der Musiker drinnen am Klavier saß; später hatte dieser ihn zuweilen in die Magdalenenkirche mitgenommen, wo er sich nachmittags im Orgelspiel zu üben pflegte. Da saß denn der blasse Knabe auf einem Schemelchen zu seinen Füßen, lehnte lauschend den Kopf an die Orgelbank und sah, wie die Sonnenlichter durch die Kirchenfenster spielten. Wenn der junge Musikus dann, von der Verarbeitung seines Themas fortgerissen, die tiefen mächtigen Register durch die Gewölbe brausen ließ, oder wenn er mitunter den Tremulanten zog und die Töne wie zitternd vor der Majestät Gottes dahinfluteten, so konnte es wohl geschehen, daß der Knabe in stilles Schluchzen ausbrach und sein Freund ihn nur schwer zu beruhigen vermochte. Einmal auch sagte er bittend: »Es tut mir weh, Leberecht; spiele nicht so laut!«

Der Orgelspieler schob auch sogleich die großen Register wieder ein und nahm die Flöten- und andere sanfte Stimmen; und süß und ergreifend schwoll das Lieblingslied des Knaben durch die stille Kirche: »Befiehl du deine Wege.« – Leise mit seiner kränklichen Stimme hub er an mitzusingen. »Ich will auch spielen lernen«, sagte er, als die Orgel schwieg; »willst du mich es lehren, Leberecht?«

Der junge Musikus ließ seine Hand auf den Kopf des Knaben fallen, und ihm das gelbe Haar streichelnd, erwiderte er: »Werde nur erst recht gesund, Christoph; dann will ich dich es gern lehren.«

Aber Christoph war nicht gesund geworden. Seinem kleinen Sarge folgte neben der Mutter auch der junge Orgelspieler. Sie sprachen hier zum ersten Mal zusammen; und die Mutter erzählte ihm jenen dreimal geträumten Traum von dem kleinen silbernen Erbbecher.

»Den Becher«, sagte Leberecht, »hätte ich Euch geben können; mein Vater, der ihn vor Jahren mit vielen anderen Dingen von Euerm Bruder erhandelte, hat mir das zierliche Stück einmal als Weihnachtsgeschenk gegeben.«

Die Frau brach in bitterste Klagen aus. »Ach«, rief sie immer wieder, »er wäre ja gewiß gesund geworden!«

Der junge Mann ging eine Weile schweigend neben ihr her. »Den Becher soll Christoph dennoch haben«, sagte er endlich.

Und so geschah es. Nach einigen Tagen hatte er den Becher an einen Sammler solcher Pretiosen um einen guten Preis verhandelt; von dem Gelde aber ließ er den Denkstein für das Grab des kleinen Christoph machen. Er ließ eine Marmortafel darin einlegen, auf welcher das Bild des Bechers ausgemeißelt wurde. Darunter standen die Worte eingegraben: »Zur Gesundheit!« –

Noch viele Jahre hindurch, mochte der Schnee auf dem Grabe liegen oder mochte in der Junisonne der Busch mit Rosen überschüttet sein, kam oft eine blasse Frau und las andächtig und sinnend die beiden Worte auf dem Grabstein. — Dann eines Sommers ist sie nicht mehr gekommen; aber die Welt ging unbekümmert ihren Gang.

Nur noch einmal, nach vielen Jahren, hat ein sehr alter Mann das Grab besucht, er hat sich den kleinen Denkstein angesehen und eine weiße Rose von dem alten Rosenbusch gebrochen. Das ist der emeritierte Organist von St. Magdalenen gewesen.

Aber wir müssen das friedliche Kindergrab verlassen, und wenn der Bericht zu Ende geführt werden soll, drüben in der Stadt noch einen Blick in das alte Erkerhaus der Düsternstraße werfen. – Noch immer stand es schweigend und verschlossen. Während draußen das Leben unablässig daran vorüberflutete, wucherte drinnen in den eingeschlossenen Räumen der Schwamm aus den Dielenritzen, löste sich der Gips an den Decken und stürzte herab, in einsamen Nächten ein unheimliches Echo über Flur und Stiege jagend. Die Kinder, welche an jenem Christabend auf der Straße gesungen hatten, wohnten jetzt als alte Leute in den Häusern, oder sie hatte ihr Leben schon abgetan und waren gestorben; die Menschen, die jetzt auf der Gasse gingen, trugen andere Gewänder, und draußen auf dem Vorstadtskirchhof war der schwarze Nummerpfahl auf Frau Ankens namenlosem Grab schon längst verfault. Da schien eines Nachts wieder einmal, wie schon so oft, über das Nachbarhaus hinweg der Vollmond in das Erkerfenster des dritten Stockwerks und malte mit seinem bläulichen Lichte die kleinen runden Scheiben auf den Fußboden. Das Zimmer war leer; nur auf dem Kanapee zusammengekauert saß eine kleine Gestalt von der Größe eines jährigen Kindes, aber das Gesicht war alt und bärtig und die magere Nase unverhältnismäßg groß; auch trug sie eine weit über die Ohren fallende Zipfelmütze und einen langen, augenscheinlich für einen ausgewachsenen Mann bestimmten Schlafrock, auf dessen Schoß sie die Füße heraufgezogen hatte.

Diese Gestalt war Herr Bulemann. Der Hunger hatte ihn nicht getötet, aber durch den Mangel an Nahrung war sein Leib verdorrt und eingeschwunden, und so war er im Lauf der Jahre kleiner und kleiner geworden. Mitunter in Vollmondnächten wie diese war er erwacht und hatte, wenn auch mit immer schwächerer Kraft, seinen Wächtern zu entrinnen gesucht. War er von den vergeblichen Anstrengungen erschöpft aufs Kanapee gesunken oder zuletzt hinaufgekrochen, und hatte dann der bleierne Schlaf ihn wieder befallen, so streckten Graps und Schnores sich draußen vor der Treppe hin, peitschten mit ihrem Schweif den Boden und horchten, ob Frau Ankens Schätze neue Wanderzüge von Mäusen in das Haus gelockt hätten.

Heute war es anders; die Katzen waren weder im Zimmer noch draußen auf dem Flur. Als das durch das Fenster fallende Mondlicht über den Fußboden weg und allmählich an der kleinen Gestalt hinaufrückte, begann sie sich zu regen; die großen runden Augen öffneten sich, und Herr Bulemann starrte in das leere Zimmer hinaus. Nach einer Weile rutschte er, die langen Ärmel mühsam zurückschlagend, von dem Kanapee herab und schritt langsam der Tür zu, während die breite Schleppe des Schlafrocks hinter ihm herfegte. Auf den Fußspitzen nach der Klinke greifend, gelang es ihm, die Stubentür zu öffnen und draußen bis an das Geländer der Treppe vorzuschreiten. Eine Weile blieb er keuchend stehen; dann streckte er den Kopf vor und mühte sich zu rufen: »Frau Anken, Frau Anken!« Aber seine Stimme war nur wie das Wispern eines kranken Kindes. »Frau Anken, mich hungert; so höre Sie doch!«

Alles blieb still; nur die Mäuse quieksten jetzt heftig in den unteren Zimmern.

Da wurde er zornig: »Hexe, verfluchte, was pfeift Sie denn?« Und ein Schwall unverständlich geflüsterter Schimpfworte sprudelte aus seinem Munde, bis ein Stickhusten ihn befiel und seine Zunge lähmte.

Draußen, unten an der Haustür, wurde der schwere Messingklopfer angeschlagen, daß der Hall bis in die Spitze des Hauses hinaufdrang. Es mochte jener nächtliche Geselle sein, von dem im Anfang dieser Geschichte die Rede gewesen ist.

Herr Bulemann hatte sich wieder erholt. »So öffne Sie doch!« wisperte er; »es ist der Knabe, der Christoph; er will den Becher holen.«

Plötzlich wurden von unten herauf zwischen dem Pfeifen der Mäuse die Sprünge und das Knurren der beiden großen Katzen vernehmbar. Er schien sich zu besinnen; zum ersten Mal bei seinem Erwachen hatten sie das oberste Stockwerk verlassen und ließen ihn gewähren. Hastig, den langen Schlafrock nach sich schleppend, stapfte er in das Zimmer zurück.

Draußen aus der Tiefe der Gasse hörte er den Wächter rufen. »Ein Mensch, ein Mensch!« murmelte er; »die Nacht ist so lang, so vielmal bin ich aufgewacht, und noch immer scheint der Mond.«

Er kletterte auf den Polsterstuhl, der in dem Erkerfenster stand. Emsig arbeitete er mit den kleinen dürren Händen an dem Fensterhaken; denn drunten auf der mondhellen Gasse hatte er den Wächter stehen sehen. Aber die Haspen waren festgerostet; er mühte sich vergebens, sie zu öffnen. Da sah er den Mann, der eine Weile hinaufgestarrt hatte, in den Schatten der Häuser zurücktreten.

Ein schwacher Schrei brach aus seinem Munde; zitternd, mit geballten Fäusten schlug er gegen die Fensterscheiben; aber seine Kraft reichte nicht aus, sie zu zertrümmern. Nun begann er, Bitten und Versprechungen durcheinander zu wispern; allmählich, während die Gestalt des unten gehenden Mannes sich immer mehr entfernte, wurde sein Flüstern zu einem erstickten heisern Gekrächze; er wollte seine Schätze mit ihm teilen; wenn er nur hören wollte, er sollte alles haben, er selber wollte nichts, gar nichts für sich behalten; nur den Becher, der sei das Eigentum des kleinen Christoph.

Aber der Mann ging unten unbekümmert seinen Gang, und bald war er in einer Nebengasse verschwunden. – Von allen Worten, die Herr Bulemann in jener Nacht gesprochen, ist keines von einer Menschenseele gehört worden.

Endlich, nach aller vergeblichen Anstrengung, kauerte sich die kleine Gestalt auf dem Polsterstuhl zusammen, rückte die Zipfelmütze zurecht und schaute, unverständliche Worte murmelnd, in den Nachthimmel hinauf.

So sitzt er noch jetzt und erwartet die Barmherzigkeit Gottes.

[Theodor Storm]

Der Kater Wiljiki Timofei Iwanowitsch

Es war einmal ein armes Bäuerlein, das ging im Winter hinaus in den Wald, um Holz zu fällen. Wie es nun so durch den Schnee stapfte, sah es eine schöne Tanne stehen, und das Bäuerlein sprach: »Diese Tanne werde ich fällen! Ich werde sie aber nicht als Brennholz nehmen, ich werde sie in der Stadt verkaufen und etliche Rubel dafür bekommen.« Kaum aber hatte es den ersten Axthieb an den Baum getan, sprang ein riesiger schwarzer Kater herab, seine Augen leuchteten wie Edelsteine, seine Schnurrbarthaare waren aus purem Gold, und er brüllte: »Wie kannst du es wagen, meine Tanne zu fällen? Du sollst wissen, daß ich der Kater Wiljiki Timofei Iwanowitsch bin!«

»Ach«, sprach das Bäuerlein, »sei mir nicht böse, ich wußte ja nicht, daß du der Kater Wiljiki Timofei Iwanowitsch bist. Natürlich werde ich deine Tanne stehenlassen.« Darauf wurde das Bäuerlein von dem Kater gnädig verabschiedet.

Beim Abendbrot nun erzählte das Bäuerlein seiner Frau das Erlebnis. Da fing diese an zu schimpfen und zu schelten und rief: »Ach Mann, bist du ein Dummkopf! Wenn du schon den Kater Wiljiki Timofei Iwanowitsch getroffen hast, hättest du dir ein schöneres Haus wünschen können! Gleich gehst du jetzt hinaus in den Wald! Er muß dir diesen Wunsch erfüllen.«

»Frau«, sprach das Bäuerlein erschrocken, »unser Häuschen ist gut im Stand, das Dach hat kein Loch, die Fenster sind nicht zerbrochen, gib dich zufrieden mit dem, was wir haben.«

Aber die Frau schimpfte so lange, daß der Mann, um seine Ruhe zu bekommen, seine Axt nahm und hinaus in den Wald zu der Tanne ging. Kaum hatte er einmal daran geklopft, sprang der Kater Wiljiki Timofei Iwanowitsch herab und fragte: »Was wünschest du denn?«

»Ich wünsche eigentlich gar nichts, aber meine Frau ist mit unserem Häuschen nicht mehr zufrieden, sie will nun ein schöneres, größeres Haus haben.«

»Geh nur heim«, sprach der Kater, »jetzt hat sie es schon!« Und als der Bauer nach Hause kam, stand dort, wo sein nettes Häuschen gestanden, ein prächtiges Gutshaus. In den Ställen grunzten die fettesten Schweine, wieherten die schönsten Pferde, und im Hof lief das schönste Federvieh umher. Nur die Frau war dieselbe geblieben. Kaum sah sie ihren Mann, fing sie an zu schreien, schimpfen und zu keifen. »Da hat sich dein Kater ja angestrengt! Du gehst jetzt sofort in den Wald hinaus zu ihm. Ich will nicht mehr arbeiten. Ich will Fürstin sein und ein Schloß mit Dienern haben.«

»Frau«, sprach das Bäuerlein ganz erschrocken, »wünsche dir das nicht! Gib dich zufrieden, du bist ja jetzt reich!« Aber die Frau schimpfte und keifte so lange, daß der Mann, um seine Ruhe zu bekommen, seine Axt nahm, hinausging in den Wald und an die Tanne klopfte. Schon kam der Kater Wiljiki Timofei Iwanowitsch herabgesprungen und fragte: »Was wünschest du denn?«

»Ich«, sprach das Bäuerlein, »wünsch mir eigentlich gar nichts, aber meine Frau. Die will nicht mehr arbeiten. Sie will Fürstin werden und ein Schloß mit Dienern haben.«

»Geh nur heim«, sprach der Kater Wiljiki Timofei Iwanowitsch, »jetzt hat sie es schon!«

Und als das Bäuerlein nach Hause kam, da stand dort, wo vorher das Gutshaus gestanden war, nun ein Schloß mit Kuppeln und hundert spiegelnden Fenstern. Die Diener und Lakaien liefen aus und ein, und seine Frau erkannte er beinahe nicht mehr, denn sie saß auf dem Sofa in Samt und Seide gekleidet und mit Gold und Silber behängt, aber sonst war sie die gleiche geblieben. Kaum sah sie ihren Mann, fing sie an zu schimpfen: »Meinst du, ich gebe mich mit den Almosen deines Katers zufrieden? Gleich gehst du jetzt hinaus in den Wald und sagst dem Kater Wiljiki Timofei Iwanowitsch: ›Ich will nun Zarin sein und will im Kreml wohnen! Der Kater Wiljiki Timofei Iwanowitsch, der soll mit einer goldenen Kette an eine silberne Säule gefesselt werden. Und wenn er herabklettert, so muß er mir ein Lied singen, und wenn er hinaufklettert, muß er mir ein Märchen erzählen.‹«

»Frau«, rief das Bäuerlein ganz erschrocken, »steh ab von diesem Wunsch, er bringt Unglück!«

Aber es war sehr schwer, der Frau Fürstin zu widersprechen. Sie drohte ihrem Mann sogar, sie lasse ihn von ihren Dienern in den Kerker werfen, wenn er nicht hingehe in den Wald.

Da nahm der Mann seine Axt und schlich traurig hin zu der Tanne. Kaum hatte er geklopft, sprang der Kater Wiljiki Timofei Iwanowitsch herab und fragte: »Was wünschest du denn?«

»Ich«, sprach das Bäuerlein, »ich wünsche eigentlich gar nichts, aber meine Frau! Sie will nun Zarin sein und im Kreml wohnen. Und du, Kater Wiljiki Timofei Iwanowitsch, sollst dann mit einer goldenen Kette an eine silberne Säule gefesselt werden, und wenn du herabkletterst, mußt du ihr ein Lied singen, und wenn du hinaufkletterst, mußt du ihr ein Märchen erzählen.«

Da wurde der Kater riesengroß, seine Edelsteinaugen schossen Blitze und die goldenen Schnurrbarthaare zitterten, und er schrie mit einer Stimme wie Donner, daß man sie dreißig Werst weit hörte: »Geh nur heim, sie hat es jetzt, wie sie es verdient!« Und plötzlich war der Kater samt der Tanne verschwunden. Traurig schlich das Bäuerlein nach Hause, und da stand dort, wo das Schloß gestanden, zuvor das Gutshaus und zuvor sein nettes Häuschen, eine elende, baufällige Hütte. Als er durch die zerbrochenen Fensterscheiben sah, lag seine Frau in zerrissenem Pelzrock auf der Ofenbank und schlief.

[Märchen aus Rußland]

Die Katze, die so viel fressen konnte

Es war einmal ein Mann, der hatte eine Katze, und die konnte so furchtbar viel fressen, daß er sie nicht mehr behalten wollte. Da wollte er ihr einen Stein um den Hals binden und sie in den Fluß werfen, aber zuvor sollte sie noch zu fressen bekommen. Die Frau setzte ihr eine Schüssel Grütze und ein kleines Töpfchen mit Fett vor. Das schlang sie hinunter und sprang zum Fenster hinaus. Da stand der Mann auf der Tenne zum Dreschen.

»Guten Tag, Mann im Haus«, sagte die Katze.

»Guten Tag, Katze«, sagte der Mann, »hast du heute schon gefressen?«

»Ach, ein bißchen, aber ich bin fast noch nüchtern«, sagte die Katze, »es war nur eine Schüssel Grütze und ein Töpfchen mit Fett, und ich besinne mich, ob ich dich nicht auch fressen soll«, sagte sie und packte den Mann und fraß ihn auf.

Dann ging sie in den Stall; da saß die Frau und melkte.

»Guten Tag, Frau im Stall«, sagte die Katze.

»Guten Tag, Katze, bist du es«, sagte die Frau. »Hast du dein Futter gefressen?« sagte sie.

»Ach, ein bißchen habe ich heute gefressen, aber ich bin fast nüchtern«, sagte die Katze. »Es war nur eine Schüssel Grütze und ein Töpfchen mit Fett und der Mann im Hause, und ich besinne mich, ob ich dich nicht auch fressen soll«, sagte sie, und da packte sie die Frau und fraß sie auf.

»Guten Tag, du Kuh an der Krippe«, sagte die Katze zu der Leitkuh.

»Guten Tag, Katze«, sagte die Leitkuh, »hast du heute schon gefressen?«

»Ach, ein bißchen, aber ich bin fast nüchtern«, sagte die Katze, »es war nur eine Schüssel voll Grütze und ein Töpfchen mit Fett und der Mann im Hause und die Frau im Stall, und ich besinne mich, ob ich dich nicht auch fressen soll«, sagte die Katze und packte die Leitkuh und fraß sie auf.

Da ging sie hinauf in den Obstgarten; da stand ein Mann und kehrte das Laub zusammen.

»Guten Tag, du Laubmann im Garten«, sagte die Katze.

»Guten Tag, Katze«, sagte der Mann, »hast du heute schon gefressen?«

»Ach, ich habe so wenig bekommen, ich bin fast nüchtern«, sagte die Katze, »es war nur eine Schüssel voll Grütze und ein Töpfchen mit Fett und der Mann im Hause und die Frau im Stall und die Leitkuh an der Krippe, und ich besinne mich, ob ich dich nicht auch fressen soll«, sagte die Katze und packte den Laubmann und fraß ihn auch auf.

Da kam sie an einen Steinhaufen; da stand das Wiesel und hielt Umschau.

»Guten Tag, Wiesel auf dem Steinhaufen«, sagte die Katze.

»Guten Tag, Katze«, sagte das Wiesel, »hast du heute schon gefressen?«

»Ach, nur ein bißchen, ich bin fast nüchtern«, sagte die Katze, »es war nur eine Schüssel voll Grütze und ein Töpfchen mit Fett und der Mann im Hause und die Frau im Stall und die Kuh an der Krippe und der Laubmann im Garten, und ich besinne mich, ob ich nicht dich auch fressen soll«, sagte die Katze und packte das Wiesel und fraß es auch auf.

Als sie eine Weile gegangen war, kam sie an einen Haselstrauch. Da saß ein Eichhörnchen und sammelte Nüsse.

»Guten Tag, Eichhörnchen im Busch«, sagte die Katze.

»Guten Tag, Katze; hast du heute schon etwas gefressen?« sagte das Eichhörnchen.

»Ach, nur ein bißchen, ich bin fast nüchtern«, sagte die

Katze. »Es war nur eine Schüssel voll Grütze und ein Töpfchen voll Fett und der Mann im Hause und die Frau im Stall und die Kuh an der Krippe und der Laubmann im Garten und das Wiesel auf dem Steinhaufen, und ich besinne mich, ob ich nicht dich auch fressen soll«, sagte sie und packte das Eichhörnchen und fraß es auf.

Als sie noch ein Weilchen gegangen war, begegnete sie Reineke Fuchs, der am Waldrand hervorlauschte.

»Guten Tag, Fuchs, du Schlauer«, sagte die Katze.

»Guten Tag, Katze, hast du heute schon gefressen?« sagte der Fuchs.

»Ach, nur ein bißchen, ich bin fast nüchtern«, sagte die Katze, »es war nur eine Schüssel voll Grütze und ein Töpfchen voll Fett und der Mann im Hause und die Frau im Stall und die Leitkuh an der Krippe und der Laubmann im Garten und das Wiesel auf dem Steinhaufen und das Eichhörnchen im Haselbusch, und ich besinne mich, ob ich nicht dich auch fressen soll«, sagte sie und packte den Fuchs und fraß ihn ebenfalls auf.

Als sie noch ein Stück weit gegangen war, traf sie einen Hasen.

»Guten Tag, hopsender Hase«, sagte die Katze.

»Guten Tag, Katze, hast du schon gefressen?« sagte der Hase.

»Ach, nur ein bißchen, ich bin fast nüchtern«, sagte die Katze, »es war nur eine Schüssel voll Grütze und ein Töpfchen mit Fett und der Mann im Hause und die Frau im Stall und die Kuh an der Krippe und der Laubmann im Garten und das Wiesel auf dem Steinhaufen und das Eichhörnchen im Haselbusch und der Fuchs, der Schlaue, und ich besinne mich, ob ich dich nicht auch fressen soll«, sagte sie und packte den Hasen und fraß ihn auch.

Als sie ein Stück weit gegangen war, traf sie einen Wolf.

»Guten Tag, du wilder Wolf«, sagte die Katze.

»Guten Tag, Katze, hast du heute schon etwas gefressen?« sagte der Wolf.

»Ach, nur ein bißchen, ich bin fast nüchtern«, sagte die Katze, »es war nur eine Schüssel voll Grütze und ein Töpfchen mit Fett und der Mann im Hause und die Frau im Stall und die Leitkuh an der Krippe und der Laubmann im Garten und das Wiesel auf dem Steinhaufen und das Eichhörnchen im Haselbusch und der Fuchs, der Schlaue, und der hopsende Hase, und ich besinne mich, ob ich nicht dich auch fressen soll«, sagte sie und packte den Wolf und fraß ihn auch.

Nun ging sie in den Wald, und als sie lang und länger als lang gegangen war, über Berg und tiefes Tal, da traf sie einen jungen Bären.

»Guten Tag, Bärchen Braunrock«, sagte die Katze.

»Guten Tag, Katze. Hast du heute schon etwas gefressen?« sagte der Bär.

»Ach, nur ein bißchen, ich bin fast nüchtern«, sagte die Katze, »es war nur eine Schüssel voll Grütze und ein Töpfchen mit Fett und der Mann im Hause und die Frau im Stall und die Leitkuh an der Krippe und der Laubmann im Garten und das Wiesel auf dem Steinhaufen und das Eichhörnchen im Haselbusch und der Fuchs, der Schlaue, und der hopsende Hase und der Wolf, der Wilde, und ich besinne mich, ob ich dich nicht auch fressen soll«, sagte sie und packte den kleinen Bären und fraß ihn auch.

Als die Katze ein Stück weitergegangen war, traf sie die Bärin, die riß an den Baumstämmen, daß die Rinde flog, so zornig war sie, weil sie ihr Junges verloren hatte.

»Guten Tag, du bissige Bärin«, sagte die Katze.

»Guten Tag, Katze; hast du heute schon etwas gefressen?« sagte die Bärin.

»Ach, nur ein wenig, ich bin fast nüchtern«, sagte die Katze, »es war nur eine Schüssel voll Grütze und ein Töpfchen mit Fett und der Mann im Hause und die Frau im Stall und die Leitkuh an der Krippe und der Laubmann im Garten und das Wiesel auf dem Steinhaufen und das Eichhörnchen im Haselbusch und der Fuchs, der Schlaue, und der hopsende Hase und der Wolf, der Wilde, und Bärchen Braunrock, und ich besinne mich, ob ich dich nicht auch fressen soll«, sagte sie und packte die Bärin und fraß sie auch.

Als die Katze ein wenig weitergegangen war, traf sie den Bären selber.

»Guten Tag, Bär Biedermann«, sagte sie.

»Guten Tag, Katze; hast du heute schon etwas gefressen?« fragte der Bär.

»Ach, nur ein bißchen, ich bin fast nüchtern«, sagte die Katze, »es war nur eine Schüssel voll Grütze und ein Töpfchen voll Fett und der Mann im Hause und die Frau im Stall und die Leitkuh an der Krippe und der Laubmann im Garten und das Wiesel auf dem Steinhaufen und das Eichhörnchen im Haselbusch und der Fuchs, der Schlaue, und der hopsende Hase und der Wolf, der Wilde, und Bärchen Braunrock und die Bärin Bissig, und nun besinne ich mich, ob ich dich nicht auch fressen soll«, sagte sie und packte den Bären und fraß ihn auch.

Nun ging die Katze lang und länger als lang, bis sie wieder ins Kirchspiel kam. Da traf sie einen Brautzug auf dem Weg.

»Guten Tag, du Brautzug auf dem Weg«, sagte die Katze.

»Guten Tag, Katze; hast du heute schon etwas gefressen?« fragte der Brautzug.

»Ach, nur ein bißchen, ich bin fast nüchtern«, sagte die Katze. »Es war nur eine Schüssel voll Grütze und ein Töpfchen mit Fett und der Mann im Hause und die Frau im Stall und die Leitkuh an der Krippe und der Laubmann im Garten und das Wiesel auf dem Steinhaufen und das Eichhörnchen im Haselbusch und der Fuchs, der Schlaue, und der hopsende Hase und der Wolf, der Wilde, und Bärchen Braunrock und die Bärin Bissig und Bär Biedermann, und nun besinne ich mich, ob ich dich nicht auch fressen soll«, sagte sie und fuhr auf den Brautzug los und fraß Braut und Bräutigam und den ganzen Brautzug mit Küchenmeister und Musikanten und Pferden und allem.

Als sie nun ein Stück weitergegangen war, kam sie an die Kirche. Da traf sie einen Leichenzug.

»Guten Tag, du Leichenzug bei der Kirche«, sagte die Katze.

»Guten Tag, Katze, hast du heute schon gefressen?« sagte der Leichenzug.

»Ach, nur ein bißchen, ich bin fast nüchtern«, sagte die Katze. »Es war nur eine Schüssel voll Grütze und ein Töpfchen mit Fett und der Mann im Hause und die Frau im Stall und die Leitkuh an der Krippe und der Laubmann im Garten und das Wiesel auf dem Steinhaufen und das Eichhörnchen im Haselbusch und der Fuchs, der Schlaue, und der hopsende Hase und der Wolf, der Wilde, und Bärchen Braunrock und die Bärin Bissig und der Bär Biedermann und der Brautzug auf dem Wege, und nun besinne ich mich, ob ich nicht dich auch fressen soll«, sagte sie und fuhr auf den Leichzug los und fraß die Leiche und den Zug.

Als die Katze das alles verschlungen hatte, ging sie geraden Wegs zum Himmel hinauf, und als sie lang und länger als lang gegangen war, traf sie den Mond in der Wolke.

»Guten Tag, Mond in der Wolke«, sagte die Katze.

»Guten Tag, Katze, hast du heute schon etwas gefressen?« sagte der Mond.

»Ach, nur ein bißchen, aber ich bin fast nüchtern«, sagte die Katze. »Es war nur eine Schüssel voll Grütze und ein Töpfchen mit Fett und der Mann im Hause und die Frau im Stall und die Leitkuh an der Krippe und der Laubmann im Garten und das Wiesel auf dem Steinhaufen und das Eichhörnchen im Haselbusch und der Fuchs, der Schlaue, und der hopsende Hase und der Wolf, der Wilde, und Bärchen Braunrock und die Bärin Bissig und der Bär Biedermann und der Brautzug auf dem Wege und der Leichenzug bei der Kirche, und nun besinne ich mich, ob ich dich nicht auch fressen soll«, sagte sie und fuhr auf den Mond los und fraß ihn auf mit Sichel und Vollmond.

Nun ging die Katze lang und länger als lang, und dann traf sie die Sonne.

»Guten Tag, du Sonne am Himmel«, sagte die Katze.

»Guten Tag, Katze, hast du heute schon etwas gefressen?« sagte die Sonne.

»Ach, nur ein bißchen«, sagte die Katze, »es war nur eine Schüssel voll Grütze und ein Töpfchen mit Fett und der Mann im Hause und die Frau im Stall und die Leitkuh an der Krippe und der Laubmann im Garten und das Wiesel auf dem Steinhaufen und das Eichhörnchen im Haselbusch und der Fuchs, der Schlaue, und der hopsende Hase und der Wolf, der Wilde, und Bärchen Braunrock und die Bärin Bissig und der Bär Biedermann und der Brautzug auf dem Wege und der Leichenzug bei der Kirche und der Mond in der Wolke, und nun besinne ich mich, ob ich dich nicht auch fressen soll«, sagte die Katze und fuhr auf die Sonne am Himmel los und fraß sie auf.

Dann ging die Katze lang und länger als lang, bis sie an eine Brücke kam, da begegnete sie einem großen Geißbock.

»Guten Tag, du Bock auf der Brücke, der breiten«, sagte die Katze.

»Guten Tag, Katze, hast du heute schon etwas gefressen?« sagte der Bock.

»Ach, nur ein bißchen, ich bin fast nüchtern«, sagte die Katze, »es war nur eine Schüssel voll Grütze und ein Töpfchen mit Fett und der Mann im Hause und die Frau im Stall und die Leitkuh an der Krippe und der Laubmann im Garten und das Wiesel auf dem Steinhaufen und das Eichhörnchen im Haselbusch und der Fuchs, der Schlaue, und der hopsende Hase und der Wolf, der Wilde, und Bärchen Braunrock und die Bärin Bissig und der Bär Biedermann und der Brautzug auf dem Wege und der Leichenzug bei der Kirche und der Mond in der Wolke und die Sonne am Himmel, und nun besinne ich mich, ob ich nicht dich auch fressen soll«, sagte die Katze.

»Darum wollen wir uns erst streiten«, sagte der Bock und stieß mit den Hörnern nach der Katze, daß sie über die Brücke hinunterrollte und ins Wasser fiel, und da zersprang sie.

Nun krochen sie alle heraus und jedes ging an seinen Ort, und sie waren alle, alle so munter wie zuvor, die die Katze gefressen hatte, der Mann im Hause und die Frau im Stall und die Leitkuh an der Krippe und der Laubmann im Garten und das Wiesel auf dem Steinhaufen und das Eichhörnchen im Haselbusch und der Fuchs, der Schlaue, und der hopsende Hase und der Wolf, der Wilde, und Bärchen Braunrock und die Bärin Bissig und der Bär Biedermann und der Brautzug auf dem Wege und der Leichenzug bei der Kirche und der Mond in der Wolke und die Sonne am Himmel.

[Märchen aus Norwegen)

Spiegel, das Kätzchen
(Auszug)

Wenn ein Seldwyler einen schlechten Handel gemacht hat oder angeführt worden ist, so sagt man zu Seldwyla: Er hat der Katze den Schmer abgekauft! Dies Sprichwort ist zwar auch anderwärts gebräuchlich, aber nirgends hört man es so oft wie dort, was vielleicht daher rühren mag, daß es in dieser Stadt eine alte Sage gibt über den Ursprung und die Bedeutung dieses Sprichwortes.

Vor mehreren hundert Jahren, heißt es, wohnte zu Seldwyla eine ältliche Person allein mit einem schönen, grau und schwarzen Kätzchen, welches in aller Vergnügtheit und Klugheit mit ihr lebte und niemandem, der es ruhig ließ, etwas zuleide tat. Seine einzige Leidenschaft war die Jagd, welche es jedoch mit Vernunft und Mäßigung befriedigte, ohne sich durch den Umstand, daß diese Leidenschaft zugleich einen nützlichen Zweck hatte und seiner Herrin wohlgefiel, beschönigen zu wollen und allzusehr zur Grausamkeit hinreißen zu lassen. Es fing und tötete daher nur die zudringlichsten und frechsten Mäuse, welche sich in einem gewissen Umkreise des Hauses betreten ließen, aber diese dann mit zuverlässiger Geschicklichkeit; nur selten verfolgte es eine besonders pfiffige Maus, welche seinen Zorn gereizt hatte, über diesen Umkreis hinaus und erbat sich in diesem Falle mit vieler Höflichkeit von den Herren Nachbarn die Erlaubnis, in ihren Häusern ein wenig mausen zu dürfen, was ihm gerne gewährt wurde, da es die Milchtöpfe stehen ließ, nicht an die Schinken hinaufsprang, welche etwa an den Wänden hingen, sondern seinem Geschäfte still und aufmerksam oblag und, nachdem es dieses verrichtet, sich mit dem Mäuslein im

Maule anständig entfernte. Auch war das Kätzchen gar nicht scheu und unartig, sondern zutraulich gegen jedermann und floh nicht vor vernünftigen Leuten; vielmehr ließ es sich von solchen einen guten Spaß gefallen und selbst ein bißchen an den Ohren zupfen, ohne zu kratzen; dagegen ließ es sich von einer Art dummer Menschen, von welchen es behauptete, daß die Dummheit aus einem unreifen und nichtsnutzigen Herzen käme, nicht das mindeste gefallen und ging ihnen entweder aus dem Wege oder versetzte ihnen einen ausreichenden Hieb über die Hand, wenn sie es mit einer Plumpheit molestierten.

Spiegel, so war der Name des Kätzchens wegen seines glatten und glänzenden Pelzes, lebte so seine Tage heiter, zierlich und beschaulich dahin, in anständiger Wohlhabenheit und ohne Überhebung. Er saß nicht zu oft auf der Schulter seiner freundlichen Gebieterin, um ihr die Bissen von der Gabel wegzufangen, sondern nur, wenn er merkte, daß ihr dieser Spaß angenehm war; auch lag und schlief er den Tag über selten auf seinem warmen Kissen hinter dem Ofen, sondern hielt sich munter und liebte es eher, auf einem schmalen Treppengeländer oder in der Dachrinne zu liegen und sich philosophischen Betrachtungen und der Beobachtung der Welt zu überlassen. Nur jeden Frühling und Herbst einmal wurde dies ruhige Leben eine Woche lang unterbrochen, wenn die Veilchen blühten oder die milde Wärme des Altweibersommers die Veilchenzeit nachäffte. Alsdann ging Spiegel seine eigenen Wege, streifte in verliebter Begeisterung über die fernsten Dächer und sang die allerschönsten Lieder. Als ein rechter Don Juan bestand er bei Tag und Nacht die bedenklichsten Abenteuer, und wenn er sich zur Seltenheit einmal im Hause sehen ließ, so erschien er mit einem so verwegenen, burschikosen, ja liederlichen und zerzausten Aussehen, daß die stille Person, seine Gebieterin, fast unwillig ausrief: »Aber Spiegel! Schämst du dich denn nicht, ein solches Leben zu führen?« Wer sich aber nicht schämte, war Spiegel; als ein Mann von Grundsätzen, der wohl wußte, was er sich zur wohltätigen Abwechslung erlauben durfte, beschäftigte er sich ganz ruhig damit, die Glätte seines Pelzes und die unschuldige Munterkeit seines Aussehens wiederherzustellen, und er fuhr sich so unbefangen mit dem feuchten Pfötchen über die Nase, als ob gar nichts geschehen wäre.

Allein dies gleichmäßige Leben nahm plötzlich ein trauriges Ende. Als das Kätzchen Spiegel eben in der Blüte seiner Jahre stand, starb die Herrin unversehens an Altersschwäche und ließ das schöne Kätzchen herrenlos und verwaist zurück. Es war das erste Unglück, welches ihm widerfuhr, und mit jenen Klagetönen, welche so schneidend den bangen Zweifel an der wirklichen und rechtmäßigen Ursache eines großen Schmerzes ausdrücken, begleitete es die Leiche bis auf die Straße und strich den ganzen übrigen Tag ratlos im Hause und rings um dasselbe her. Doch seine gute Natur, seine Vernunft und Philosophie geboten ihm bald, sich zu fassen, das Unabänderliche zu tragen und seine dankbare Anhänglichkeit an das Haus seiner toten Gebieterin dadurch zu beweisen, daß er ihren lachenden Erben seine Dienste anbot und sich bereit machte, denselben mit Rat und Tat beizustehen, die Mäuse ferner im Zaume zu halten und überdies ihnen manche gute Mitteilung zu machen, welche die Törichten nicht verschmäht hätten, wenn sie eben nicht unvernünftige Menschen gewesen wären. Aber diese Leute ließen Spiegel gar nicht zu Worte kommen, sondern warfen ihm die Pantoffeln und das artige Fußschemelchen der Seligen an den Kopf, sooft er sich blicken ließ, zankten sich acht Tage lang untereinander, begannen endlich einen Prozeß und schlossen das Haus bis auf weiteres zu, so daß nun gar niemand darin wohnte.

Da saß nun der arme Spiegel traurig und verlassen auf der steinernen Stufe vor der Haustüre und hatte niemand, der ihn hineinließ. Des Nachts begab er sich wohl auf Umwegen unter das Dach des Hauses, und im Anfang hielt er sich einen großen Teil des Tages dort verborgen und suchte seinen Kummer zu verschlafen; doch der Hunger trieb ihn bald an das Licht und nötigte ihn, an der warmen Sonne und unter den Leuten zu erscheinen, um bei der Hand zu sein und zu gewärtigen, wo sich etwa ein Maulvoll geringer Nahrung zeigen möchte. Je seltener dies geschah, desto aufmerksamer wurde der gute Spiegel, und alle seine moralischen Eigenschaften gingen in dieser Aufmerksamkeit auf, so daß er sehr bald sich selber nicht mehr gleichsah. Er machte zahlreiche Ausflüge von seiner Haustüre aus und stahl sich scheu und flüchtig über die Straße, um manchmal mit einem schlechten unappetitlichen Bissen, dergleichen er früher nie angesehen, manchmal mit gar nichts zurückzukehren. Er wurde von Tag zu Tag magerer und zerzauster, dabei gierig, kriechend und feig; all sein Mut, seine zierliche Katzenwürde, seine Vernunft und Philosophie waren dahin. Wenn die Buben aus der Schule kamen, so kroch er in einen verborgenen Winkel, sobald er sie kommen hörte, und guckte nur hervor, um aufzupassen, welcher von ihnen etwa eine Brotrinde wegwürfe, und merkte sich den Ort, wo sie hinfiel. Wenn der schlechteste Köter von weitem ankam, so sprang er hastig fort, während er früher gelassen der Gefahr ins Auge geschaut und böse Hunde oft tapfer gezüchtigt hatte. Nur wenn ein grober und einfältiger Mensch daherkam, dergleichen er sonst klüglich gemieden, blieb er sitzen, obgleich das arme Kätzchen mit dem Reste seiner Menschenkenntnis den Lümmel recht gut erkannte; allein die Not zwang Spiegelchen, sich zu täuschen und zu hoffen, daß der Schlimme ausnahmsweise einmal es freundlich streicheln und ihm einen Bissen darreichen werde. Und selbst wenn er statt dessen nun doch geschlagen oder in den Schwanz gekniffen wurde, so kratzte er nicht, sondern duckte sich lautlos zur Seite und sah dann noch verlangend nach der Hand, die es geschlagen und gekniffen und welche nach Wurst oder Hering roch.

Als der edle und gute Spiegel so heruntergekommen war, saß er eines Tages ganz mager und traurig auf seinem Steine und blinzelte in der Sonne. Da kam der Stadthexenmeister Pineiß des Weges, sah das Kätzchen und stand vor ihm still. Etwas Gutes hoffend, obgleich es den Unheimlichen wohl kannte, saß Spiegelchen demütig auf dem Stein und erwartete, was der Herr Pineiß etwa tun oder sagen würde. Als dieser aber begann und sagte: »Na, Katze! Soll ich dir deinen Schmer abkaufen?« da verlor es die Hoffnung, denn es glaubte, der Stadthexenmeister wolle es seiner Magerkeit wegen verhöhnen. Doch erwiderte er bescheiden und lächelnd, um es mit niemand zu verderben: »Ach, der Herr Pineiß belieben zu scherzen!«

»Mitnichten!« rief Pineiß, »es ist mir voller Ernst! Ich brauche Katzenschmer vorzüglich zur Hexerei; aber er muß mir vertragsgemäß und freiwillig von den werten Herren Katzen abgetreten werden, sonst ist er unwirksam. Ich denke, wenn je ein wackeres Kätzlein in der Lage war, einen vorteilhaften Handel abzuschließen, so bist es du! Begib dich in meinen Dienst; ich füttere dich herrlich heraus, mache dich fett und kugelrund mit Würstchen und gebratenen Wachteln. Auf dem ungeheuer hohen alten Dache meines Hauses, welches nebenbei gesagt das köstlichste Dach von der Welt ist für eine Katze, voll interessanter Gegenden und Winkel, wächst auf den sonnigsten Höhen treffliches Spitzgras, grün wie Smaragd, schlank und fein in den Lüften schwankend, dich einladend, die zartesten Spitzen abzubeißen und zu genießen, wenn du dir an meinen Leckerbissen eine leichte Unverdaulichkeit zugezogen hast. So wirst du bei trefflicher Gesundheit bleiben und mir dereinst einen kräftigen brauchbaren Schmer liefern!«

Spiegel hatte schon längst die Ohren gespitzt und mit wässerndem Mäulchen gelauscht; doch war seinem geschwächten Verstande die Sache noch nicht klar, und er versetzte daher: »Das ist soweit nicht übel, Herr Pineiß! Wenn ich nur wüßte, wie ich alsdann, wenn ich doch, um Euch meinen Schmer abzutreten, mein Leben lassen muß, des verabredeten Preises habhaft werden und ihn genießen soll, da ich nicht mehr bin?«

»Des Preises habhaft werden?« sagte der Hexenmeister verwundert, »den Preis genießest du ja eben in den reichlichen und üppigen Speisen, womit ich dich fett mache, das versteht sich von selber! Doch will ich dich zu dem Handel nicht zwingen!« Und er machte Miene, sich von dannen begeben zu wollen. Aber Spiegel sagte hastig und ängstlich: »Ihr müßt mir wenigstens eine mäßige Frist gewähren über die Zeit meiner höchsten erreichten Rundheit und Fettigkeit hinaus, daß ich nicht so jählings von hinnen gehen muß, wenn jener angenehme und ach! so traurige Zeitpunkt herangekommen und entdeckt ist!«

»Es sei!« sagte Herr Pineiß mit anscheinender Gutmütigkeit, »bis zum nächsten Vollmond sollst du dich alsdann deines angenehmen Zustandes erfreuen dürfen, aber nicht länger! Denn in den abnehmenden Mond hinein darf es nicht gehen, weil dieser einen vermindernden Einfluß auf mein wohlerworbenes Eigentum ausüben würde.«

Das Kätzchen beeilte sich zuzuschlagen und unterzeichnete einen Vertrag, welchen der Hexenmeister im Vorrat bei sich führte, mit seiner scharfen Handschrift, welche sein letztes Besitztum und Zeichen besserer Tage war.

»Du kannst dich nun zum Mittagessen bei mir einfinden, Kater!« sagte der Hexer, »Punkt zwölf Uhr wird gegessen!«

»Ich werde so frei sein, wenn Ihr's erlaubt!« sagte Spiegel und fand sich pünktlich um die Mittagsstunde bei Herrn Pineiß ein. Dort begann nun während einiger Monate ein höchst angenehmes Leben für das Kätzchen; denn es hatte auf der Welt weiter nichts zu tun, als die guten Dinge zu verzehren, die man ihm vorsetzte, dem Meister bei der Hexerei zuzuschauen, wenn es mochte, und auf dem Dache spazierenzugehen. Dies Dach glich einem ungeheuren schwarzen Nebelspalter oder Dreiröhrenhut, wie man die großen Hüte der schwäbischen Bauern nennt, und wie ein solcher Hut ein Gehirn voller Nücken und Finten überschattet, so bedeckte dies Dach ein großes, dunkles und winkliges Haus voll Hexenwerk und Tausendsgeschichten. Herr Pineiß war ein Kann-Alles, welcher hundert Ämtchen versah, Leute kurierte, Wanzen vertilgte, Zähne auszog und Geld auf Zinsen lieh; er war der Vormünder aller Waisen und Witwen, schnitt in seinen Mußestunden Federn, das Dutzend für einen Pfennig, und machte schöne schwarze Tinte; er handelte mit Ingwer und Pfeffer, mit Wagenschmiere und Rosoli, mit Häftlein und Schuhnägeln, er renovierte die Turmuhr und machte jährlich den Kalender mit der Witterung, den Bauernregeln und dem Aderlaßmännchen; er verrichtete zehntausend rechtliche Dinge am hellen Tag um mäßigen Lohn und einige unrechtliche nur in der Finsternis und aus Privatleidenschaft, oder hing auch den rechtlichen, ehe er sie aus seiner Hand entließ, schnell noch ein unrechtliches Schwänzchen an, so klein wie die Schwänzchen der jungen Frösche, gleichsam nur der Possierlichkeit wegen.

Überdies machte er das Wetter in schwierigen Zeiten, überwachte mit seiner Kunst die Hexen, und wenn sie reif waren, ließ er sie verbrennen; für sich trieb er die Hexerei nur als wissenschaftlichen Versuch und zum Hausgebrauch, so wie er auch die Stadtgesetze, die er redigierte und ins reine schrieb, unter der Hand probierte und verdrehte, um ihre Dauerhaftigkeit zu ergründen. Da die Seldwyler stets einen solchen Bürger brauchten, der alle unlustigen kleinen und großen Dinge für sie tat, so war er zum Stadthexenmeister ernannt worden und bekleidete dies Amt schon seit vielen Jahren mit unermüdlicher Hingebung und Geschicklichkeit, früh und spät. Daher war sein Haus von unten bis oben vollgestopft mit allen erdenklichen Dingen, und Spiegel hatte viel Kurzweil, alles zu besehen und zu beriechen.

Doch im Anfang gewann er keine Aufmerksamkeit für andere Dinge als für das Essen. Er schlang gierig alles hinunter, was Pineiß ihm darreichte, und mochte kaum von einer Zeit zur anderen warten. Dabei überlud er sich den Magen und mußte wirklich auf das Dach gehen, um dort von den grünen Gräsern abzubeißen und sich von allerhand Unwohlsein zu kurieren. Als der Meister diesen Heißhunger bemerkte, freute er sich und dachte, das Kätzchen würde solcherweise recht bald fett werden, und je besser er daran wende, desto klüger verfahre und spare er im ganzen. Er baute daher für Spiegel eine ordentliche Landschaft in seiner Stube, indem er ein Wäldchen von Tannenbäumchen aufstellte, kleine Hügel von Steinen und Moos errichtete und einen kleinen See anlegte. Auf die Bäumchen setzte er duftig gebratene Lerchen, Finken, Meisen und Sperlinge, je nach der Jahrszeit, so daß da Spiegel immer etwas herunterzuholen und zu knabbern vorfand. In die kleinen Berge versteckte er in künstlichen Mauslöchern herrliche Mäuse, welche er sorgfältig mit Weizenmehl gemästet, dann ausgeweidet, mit zarten Speckriemchen gespickt und gebraten hatte. Einige dieser Mäuse konnte Spiegel mit der Pfote hervorholen, andere waren zur Erhöhung des Vergnügens tiefer verborgen, aber an einen Faden gebunden, an welchem Spiegel sie behutsam hervorziehen mußte, wenn er diese Lustbarkeit einer nachgeahmten Jagd genießen wollte. Das Becken des Sees aber füllte Pineiß alle Tage mit frischer Milch, damit Spiegel in der süßen seinen Durst lösche, und ließ gebratene Gründlinge darin schwimmen, da er wußte, daß Katzen zuweilen auch die Fischerei lieben.

Aber da nun Spiegel ein so herrliches Leben führte, tun und lassen, essen und trinken konnte, was ihm beliebte und wann es ihm einfiel, so gedieh er allerdings zusehends an seinem Leibe; sein Pelz wurde wieder glatt und glänzend und sein Auge munter; aber zugleich nahm er, da sich seine Geisteskräfte in gleichem Maße wieder ansammelten, bessere Sitten an; die wilde Gier legte sich, und weil er jetzt eine traurige Erfahrung hinter sich hatte, so wurde er nun klüger als zuvor. Er mäßigte sich in seinen Gelüsten und fraß nicht mehr, als ihm zuträglich war, indem er zugleich wieder vernünftigen und tiefsinnigen Betrachtungen nachging und die Dinge wieder durchschaute. So holte er eines Tages einen hübschen Krammetsvogel von den Ästen herunter, und als er denselben nachdenklich zerlegte, fand er dessen kleinen Magen ganz kugelrund angefüllt mit frischer unversehrter Speise. Grüne Kräutchen, artig zusammengerollt, schwarze und weiße Samenkörner und eine glänzend rote Beere waren da so niedlich und dicht ineinander gepfropft, als ob ein Mütterchen für ihren Sohn das Ränzchen zur Reise gepackt hätte. Als Spiegel den Vogel langsam verzehrt und das so vergnüglich gefüllte Mäglein an seine Klaue hing und philosophisch betrachtete, rührte ihn das Schicksal des armen Vogels, welcher nach so friedlich verbrachtem Geschäft so schnell sein Leben lassen gemußt, daß er nicht einmal die eingepackten Sachen verdauen konnte. »Was hat er nun davon gehabt, der arme Kerl«, sagte Spiegel, »daß er sich so fleißig und eifrig genährt hat, daß dies kleine Säckchen aussieht wie ein wohl vollbrachtes Tagewerk? Diese rote Beere ist es, die ihn aus dem freien Walde in die Schlinge des Vogelstellers gelockt hat. Aber er dachte doch, seine Sache noch besser zu machen und sein Leben an solchen Beeren zu fristen, während ich, der ich soeben den unglücklichen Vogel gegessen, daran mich nur um einen Schritt näher zum Tode gegessen habe! Kann man einen elendern und feigern Vertrag abschließen, als sein Leben noch ein Weilchen fristen zu lassen, um es dann um diesen Preis doch zu verlieren? Wäre nicht ein freiwilliger und schneller Tod vorzuziehen gewesen für einen entschlossenen Kater? Aber ich habe keine Gedanken gehabt, und nun da ich wieder solche habe, sehe ich nichts vor mir als das Schicksal dieses Krammetsvogels; wenn ich rund genug bin, so muß ich von hinnen, aus keinem anderen Grunde, als weil ich rund bin. Ein schöner Grund für einen lebenslustigen und gedankenreichen Katzmann! Ach, könnte ich aus dieser Schlinge kommen!«

Er vertiefte sich nun in vielfältige Grübeleien, wie das gelingen möchte; aber da die Zeit der Gefahr noch nicht da war, so wurde es ihm nicht klar, und er fand keinen Ausweg; aber als ein kluger Kater ergab er sich bis dahin der Tugend und der Selbstbeherrschung, welches immer die beste Vorschule und Zeitverwendung ist, bis sich etwas entscheiden soll. Er verschmähte das weiche Kissen, welches ihm Pineiß zurechtgelegt hatte, damit er fleißig darauf schlafen und fett werden sollte, und zog es vor, wieder auf schmalen Gesimsen und hohen gefährlichen Stellen zu liegen, wenn er ruhen wollte. Ebenso verschmähte er die gebratenen Vögel und die gespickten Mäuse und fing sich lieber auf den Dächern, da er nun wieder einen rechtmäßigen Jagdgrund hatte, mit List und Gewandtheit einen schlichten lebendigen Sperling oder auf den Speichern eine flinke Maus, und solche Beute schmeckte ihm vortrefflicher als das gebratene Wild in Pineißens künstlichem Gehege, während sie ihn nicht zu fett machte; auch die Bewegung und Tapferkeit sowie der wiedererlangte Gebrauch der Tugend und Philosophie verhinderten ein zu schnelles Fettwerden, so daß Spiegel zwar gesund und glänzend aussah, aber zu Pineißens Verwunderung auf einer gewissen Stufe der Beleibtheit stehenblieb, welche lange nicht das erreichte, was der Hexenmeister mit seiner freundlichen Mästung bezweckte; denn dieser stellte sich darunter ein kugelrundes, schwerfälliges Tier vor, welches sich nicht vom Ruhekissen bewegte und aus eitel Schmer bestand. Aber hierin hatte sich seine Hexerei eben geirrt.

[Gottfried Keller]

Nachwort

»Der Zeitgeist miaut!« So kennzeichnet eine deutsche Tageszeitung den derzeitigen »Katzentrend«. Nichts geht mehr ohne das schnurrende Schmusetier – der Siegeszug der Samtpfote ist international. Katzen sind »in«: Katzenkrimis, Katzenausstellungen, Katzencomics und Katzenmusicals, ganz zu schweigen von den vielen Katzenbüchern – und jetzt auch noch »Märchen von Katzen«? Die Katze gilt heute als das beliebteste Haustier. Kein anderes Tier hat eine so enge Beziehung zum Menschen entwickelt und gleichzeitig soviel eigensinnige Unabhängigkeit und Raubtiernatur bewahrt wie die Katze. In jedem vierten Haushalt in Europa und den USA hat die Katze den Hund als Haustier von der Spitzenstellung verdrängt. Auch die Deutschen sind ein Volk von Katzenliebhabern. Fünfeinhalb Millionen Katzen tigern durch deutsche Wohnungen. Leise und beharrlich haben sie sich den schönsten und wärmsten Platz gesichert, weiche Betten und seidene Kissen bevorzugend. Worin liegt ihre Faszinationskraft und ihr unwiderstehlicher Charme? Märchen können darüber in ganz besonderer Weise Aufschluß geben. Märchen wissen noch von vergangenen Sitten und abergläubischen Bräuchen, von kultischen Handlungen und mythologischen Vorstellungen über die Katze. Vielfältig sind die Aspekte, die Tier-Mensch-Metamorphosen in den Märchen von Katzen:

- Die weiße Katze, die in Wirklichkeit eine verzauberte Prinzessin ist;
- die mütterliche, beschützende und weissagende Katze – das Abbild und Symboltier der alten großen Muttergöttin;
- die unheimliche und dämonische Katze: die »Hexenkatze«;

- der listige, kluge und gelehrte Kater;
- der zauberkräftige Kater – und viele mehr.

Jeder Katzenfreund kann mit ein wenig Phantasie in der eigenen Katze diese faszinierende Vielfalt der Wesen entdecken.

Katzen sind aufgrund ihrer Doppelnatur Wesen von gefährlicher Gerissenheit und schmeichlerischer Anschmiegsamkeit zugleich. Charmant die samtweichen Pfötchen, gefährlich die scharfen Krallen: geheimnisvolle und dämonische Tiere. Der reizende Schmusekater kann augenblicklich zur reißenden Bestie werden. Kaum überschreitet er die Schwelle des Hauses und begibt sich ins Freie, kehren seine Raubtierinstinkte zurück. Diese Verwandlungsfähigkeit der Katze wird seit jeher mit Zauber und Aberglaube, mit Magie und kultischen Riten in Zusammenhang gebracht.

Die Katze – ein göttliches, heiliges Tier

Die Katze
Sie ist des Hauses guter Geist,
sie richtet, herrscht und schaltet weise,
und zieht um jedes Ding die Kreise,
ob man sie Fee, ob Göttin heißt.
(Charles Baudelaire)

Die ägyptische Katzengöttin Bastet

Ursprünglich war die Katze ein heiliges, einer Göttin geweihtes Tier. Im alten Ägypten galt sie als die Verkörperung einer Gottheit, der katzengestaltigen, lächelnden Göttin Bastet. Als freundliche Gegennatur der gluthauchenden Löwengöttin

Sechmet war Bastet eine heitere und fröhliche Göttin, die Gefallen an Musik und Tanz fand. Sie liebte rauschende Feste von ausgelassener Trunkenheit, zu denen Tausende von Ägyptern von weither gezogen kamen.

Nach Herodot hatte das größte Fest in Ägypten, das alljährlich im Frühjahr zu Ehren der Bastet abgehalten wurde, eine besondere Bedeutung für die Ägypter. Bei jedem dieser Feste, die von wilden orgiastischen Zeremonien und Riten begleitet waren, wurden hunderttausend mumifizierte Katzen zu Ehren der jungfräulichen Katzengöttin Bastet bestattet. Der Katzenkult war so beliebt, dass er sich fast zweitausend Jahre lang behauptet hat.

Herodot liefert uns weiterhin eine anschauliche Beschreibung des riesigen Tempels der Katzengöttin Bastet in Theben, dessen heiliger Bezirk die Größe eines Stadions hatte. In ihrem Tempel in Bubastis stellte man Hunderte von Katzenfiguren als Weihegeschenke auf. Solche Statuetten kann man heute in Museen bewundern (u.a. im Britischen Museum in London), sie haben einen weiblichen Körper mit Katzenkopf oder sind als Muttertiere dargestellt. Gleich einer Königin sitzt die heilige Katze, würdevoll und majestätisch blickend und mit kostbarem Schmuck behangen, auf ihrem Sockelthron – fasziniert blicken wir heute noch in ihr kluges Gesicht.

Thomas Mann beschreibt in seinem Roman »Josef und seine Brüder« den Kult der Katzengöttin Bastet in einem eigenen Kapitel (»Die Katzenstadt«): »Zahlreiche Beispiele dieses Tieres wurden in Bastets Heiligtum, dem gewaltigen Kernstück der Stadt, gehalten, schwarze, weiße und bunte, wo sie mit der zähen und lautlosen Anmut ihrer Art auf den Mauern und in den Höfen zwischen den Andächtigen herumstrichen ... Diese Stadt nämlich verfügte ... über ein allgemein gültiges Fest, zu dem, wie die Bewohner sich rühmten, ›Millionen‹, das hieß ganz gewiß Zehntausende von Leuten, stromabwärts auf dem Land- oder Wasserwege, daherreisten, schon im voraus sehr aufgeräumt, denn die Weiber zumal, ausgerüstet mit Klappern, sollten sich schelmisch dabei benehmen und von den Verdecken der Schiffe stark altertümliche Schimpfworte und Gebärden zu den Ortschaften hinübersenden, an denen sie vorbeikamen. Aber auch die Männer waren sehr fröhlich, pfiffen, sangen oder klatschten; und sie alle, die da gezogen kamen, hielten große, drangvolle Volkszusammenkünfte in Per-Bastet, wo sie in Zelten kampierten: Ein Fest von drei Tagen, mit Opfern, Tänzen und Mummenschänzen, mit Jahrmarkt, dumpfem Getrommel, Märchenerzählern, Gaukeleien, Schlangenbeschwörern und so viel Traubenwein, wie in Per-Bastet das ganze übrige Jahr hindurch nicht verbraucht wurde, so daß, wie es hieß, die Menge sich in echt altertümlicher Verfassung befand und sich zeitweise sogar selber geißelte oder sich vielmehr schmerzhaft mit einer Art von stachligen Knüppeln schlug, unter allgemeinem Geschrei, das mit dem alten Bastet-Feste untrennbar verbunden und eben der Anlaß und Gegenstand des lachenden Gedenkens war; denn es lautete dem Geschreie der Katzen gleich, wenn sie nächtlich der Kater besucht.«

In der ägyptischen Mythologie ist die Katzengöttin Bastet ein uraltes Geschöpf der Sonne, das den Menschen seinen Schutz angedeihen läßt und die Schlange des Bösen, die Apophis-Schlange, am Fuß des heiligen Baumes zerreißt (vgl. die Wandmalerei aus dem Grab des Anhur-chan, 20. Dynastie, Theben-West).

Der altägyptische »Mythos vom Sonnenauge«, der einen Naturmythos (Verschiebung der Sonnenbahn im Sommer und Winter) erzählerisch gestaltet, berichtet von der Sonnenkatze Tefnut, die sich mit ihrem Vater, dem Sonnengott Re, entzweite. Als gefährliche Wildkatze haust sie nun im glutheißen, trockenen Land am oberen Nil und hat gleich ihrem Vater Macht über Tod und Leben. Als der Götterbote Thot sie zurückholen und zähmen will, verwandelt sie sich in eine wutschnaubende Raubkatze und erhebt sich schrecklich »in ihrer Gestalt als

Löwin; rot erglüht ihr Rücken, ihr Fell raucht von Feuer, Flammen schlagen aus ihrem Blick, und ihr Antlitz färbt sich wie die Scheibe der Sonne« (nach E. Brunner-Traut).

Im »Ägyptischen Totenbuch« ist die heilige Katze »die große Katze, die in Heliopolis ist«. Heliopolis war die heilige Stadt des Sonnengottes Re.

Dreitausendfünfhundert Jahre alte Fresken und Hieroglyphen in ägyptischen Gräbern erzählen von den Katzen der Göttin Bastet. Gleich den Königen wurden die heiligen Katzen einbalsamiert und auf eigenen Katzenfriedhöfen feierlich beigesetzt. Wer einer Katze etwas zuleide tat oder sie gar tötete, wurde dafür schwer bestraft. Oft mußte er mit dem eigenen Tod den Frevel am heiligen Tier sühnen. Altägyptische Ostraka (zu denken ist hier an Splitter aus Kalkstein bzw. an zerbrochene Tonscherben, auf welche die Meister, die die Wände der Pyramidengräber bemalten, scherzhafterweise humorvolle Tierfabeln kritzelten) illustrieren den Kampf zwischen Katz und Maus auf witzige Weise als verkehrte Welt: Ein Mäusepharao stürmt eine Festung der Katzen, eine vornehme Mäusedame läßt sich von einem Heer von unterwürfigen Katzendienerinnen verwöhnen, Wein kredenzen, kämmen, kleiden und die Mäusebabys von Katzenammen versorgen!

Der Katze-Mäuse-Krieg war im ganzen Vorderen Orient als Fabel- und Märchenerzählung sehr beliebt und bekannt. In den europäischen Märchen von Katzen taucht dieses Motiv häufig auf (vgl. »Katz und Maus in Gesellschaft« und »Die Waldmaus und die Wildkatze«).

Unsere heutigen Hauskatzen sind echte Nachkommen der altägyptischen Katzen. Neue Grabfunde auf Zypern lassen vermuten, dass der Mensch schon vor rund 9000 Jahren mit der Katze als Haustier zusammengelebt haben könnte.

Die Katze kam in der Antike von Ägypten nach Europa. Möglicherweise gelang es den Phöniziern die ›göttlichen‹ Katzen aus Ägypten herauszuschmuggeln. Katzendarstellungen auf antiken Vasen lassen vermuten, dass um 500 v. Chr. die Katzen ins antike Hellas kamen. Der griechische Schriftsteller Diodor (1. Jh. v. Chr.) berichtet, dass Katzen in geheiligten Räumen gepflegt würden, warme Bäder erhielten, mit ausgesuchtesten Speisen gefüttert und mit den besten Salben gesalbt würden!

Auch andere antike Schriftsteller außer Herodot und Diodor, so z. B. Strabon und Cicero, berichten von dieser Wertschätzung der Katze durch die alten Ägypter.

Nicht nur im alten Ägypten wurde die Katze als heilig verehrt. Auch in anderen Kulturkreisen wird die Katze als göttliches Tier behandelt: In Irland gab es ebenfalls eine Katze, die göttliche Attribute trug und kultische Verehrung genoß: »Eine schlanke schwarze Katze, die behaglich auf einem Stuhl aus Altsilber ruht«, besaß einen Orakeltempel, der sich in einer Höhle befand. Die heilige Katze galt als Gegenstück zu der ägyptischen Katzengöttin Bastet (nach v. Ranke-Graves).

Die nordische Göttin Freya und ihre Katzen

Aus der nordischen Mythologie kennen wir die Göttin der Liebe, der Schönheit und der Fruchtbarkeit, Freya, die Tochter der Erdmutter Nerthus. Manchmal wurde Freya mit ihrer Mutter Nerthus identifiziert, welche die Erde, die alles Leben hervorbrachte, symbolisierte. Wenn sie mit ihrem heiligen Wagen, der bedeutsamerweise von einem Katzengespann gezogen wurde, über die Erde fuhr, schmückte sie das ganze Land mit fruchtbarem Grün und sprießenden Blüten, ließ die Saat aufgehen und segnete die Ernte.

In der deutschen Sage »Sibylle auf der Teck« hat die schöne und weise Sibylle die Rolle der nordischen Freya übernommen.

Sagen erzählen von ihr, dass sie auf einem goldenen Wagen, der von zwei großen Katzen gezogen wurde, eines Abends aus ihrer Höhle talab durch die Lüfte fuhr, ihre langen roten Haare umwehten sie. Niemand weiß, wohin sie gegangen ist. Die Spur ihres Wagens konnte man noch lange deutlich sehen: Die Wiesen sollen dort üppiger grün gewesen sein, das Korn soll größere und goldenere Ähren getragen haben, das Brot, das daraus gebacken worden ist, soll besser geschmeckt haben als alles andere Brot der Welt.

Der Volksbrauch kennt noch die Sitte, ein Töpfchen Milch für die Katzen der Göttin Freya in die Kornfelder zu stellen, um das Getreide vor Unwetter und Mißgeschick zu schützen. Die Katze, eines der fruchtbarsten Tiere überhaupt und bekannt für ihre hingebungsvolle Mutterliebe, ist im nordischen Mythos zum Symboltier der Göttin Freya geworden.

Die Katze stand in der Schweiz (Zürich) noch im 18. Jahrhundert unter einem eigenen »Katzenrecht«. Als »Heilstier« spielte sie eine besondere Rolle in Segenssprüchen, mit welchen die Mutter den Schaden ihres Kindes hinwegbannte. Nach altem Brauch hatte die Hauskatze teil an den großen Festessen in der Familie, erhielt ihren Teil von Braten, Kuchen und Kindsbrei. Es wurde gesagt, daß, wenn man in einem Hause »küchelte« und der Katze nicht das erste Küchlein davon gäbe, kein Segen auf der Speise sei. Vom Brei für die Neugeborenen mußte man ihr auch etwas überlassen. »Von der Gans ein Tätzlein, das kriegen dort hinten die Kätzlein« (Friedrich Rückert), so heißt's beim Verzehren der Martinsgans.

»Mutter, back die Kuchen, laß mich auch versuchen, wirf ein Stückchen hinter die Tür, kommt die Katz und leckt dafür« (Karl Simrock).

In einem schleswig-holsteinischen Kindervers hält Maria mit dem Christkind ein Butterbrot »für uns und unsere liebe Mauskatze« in der Hand. Dies mögen Spuren des Opfers sein, welches man dem Tiere Freyas einst gebracht hat. Mythologisch bedeutsam ist, daß hier die Gestalt der Mutter Maria mit der Vorstellung von einer archaischen Mutter- und Fruchtbarkeitsgöttin verschmilzt. Auch ein Wandbehang aus dem 14. Jahrhundert zeigt eine Madonna, die von löwenartigen Katzen umringt ist – »Freya-Maria«, die mythische Muttergöttin.

Außerdem wird die Mutter Gottes häufig mit einer Katze zu ihren Füßen dargestellt. In den Hexenprozessen des Mittelalters blieben Katzen, die den Buchstaben »M« auf der Stirn trugen, von der Verfolgung verschont.

Die Tempel der Göttin Freya waren zahlreich, und bis ins frühe Mittelalter kannte und zelebrierte man ihre Kulte (der letzte Freyatempel wurde erst von Karl dem Großen zerstört). Freya war eine in ganz Nordeuropa verehrte Göttin, ein Tag in unserer Woche – der Freitag – erinnert uns noch heute an sie. Einst war es Brauch, freitags zu heiraten, in Erinnerung an die Göttin Freya, die Göttin der Liebe und Fruchtbarkeit.

Auch Kybele, die wilde Göttermutter Asiens, sitzt mit ihrem Sohngeliebten Attis auf einem Löwenwagen. Der Wagen und der Löwe, bzw. die wilde Katze, sind uralte Symbole für die Große Göttin, die das Leben und den Tod verkörpert.

Die Katze als Hexe

Im 15. Jahrhundert wurden in Europa die Anhänger heidnischer Rituale der Ketzerei beschuldigt. 1484 verkündete Papst Innozenz VIII., daß Hexen den Satan anbeten und die Gestalt der sogenannten »Hexentiere«, z. B. die Gestalt einer Katze, annehmen würden. Insbesondere die schwarzen Katzen galten als Verkörperung des Bösen. Als die Pest in Europa ein Drittel der Bevölkerung dahinraffte, gab man nicht den Ratten, sondern den Katzen die Schuld daran!

Die weisen und heilkundigen Frauen, die während der grausamen Hexenverfolgungen des 15. bis 18. Jahrhunderts als Hexen angeklagt und verbrannt wurden, sind im Zusammenhang mit den alten Kulten der Großen Göttin zu sehen. Berichte belegen, daß während der Hexenverbrennung selbst gleichzeitig auch Katzen gefoltert, gehängt und verbrannt wurden.

Der Mythos der »heiligen« Katze ist im Volks- und im Aberglauben zur »dämonischen« Katze herabgesunken. So wurde aus der »Göttinkatze« die »Hexenkatze«, die wir aus den Volksmärchen kennen.

Zahlreiche Sagen und Märchen berichten von dem Aberglauben, daß Hexen in Gestalt von Katzen erscheinen und ihr dämonisches Unwesen treiben (vgl. dazu die Märchen des Kapitels »Die dämonische Hexenkatze«).

»Sehr häufig hat man innerhalb der Klosterstätte Querfurt tanzende Katzen erblickt, das sind böse Hexen gewesen, die gar zu gern Katzengestalt annehmen. Wenn es nun geschah, daß jemand zufällig einen solchen Katzentanz gewahrte, und unter den tanzenden seine eigene erblickte, und am andern Morgen ihr sagte: Du warst heute nacht auch dabei, so wurden diese Katzen furchtbar wild, fauchten, bissen, kratzten, fuhren wie toll durch die Fenster und kamen niemals wieder« (Ludwig Bechstein).

Der volkstümliche Aberglaube sah in der Katze, dem nachtaktiven Tier, das in der Nacht zu sehen vermag, von jeher das dämonische, das unheimliche Element. Der geheimnisvolle Charakter und die übersinnlich scheinenden Eigenschaften der Katze üben auch heute noch einen besonderen Zauber auf die Menschen aus: In dunkler Nacht findet die Katze mit nachtwandlerischer Sicherheit trotz labyrinthischer Verwirrung auch über endlos lange Strecken hinweg sicher zum heimischen Haus zurück. Sie liebt das nächtliche Dunkel mehr als den Tag. In früherer Zeit sah man darin hexenhaft-dämonische Fähigkeiten, die niemand zu erklären wußte. Neueste Forschungen belegen, daß die Katze eine dem Menschen fremde, außerordentliche Sensibilität gegenüber dem Magnetfeld der Erde entwickelt und so aufgrund ihres elektromagnetisch empfindsamen Felles ihren Weg nach Hause findet. (Katzen spüren ebenso das Herannahen eines Erbebens.) Darüber hinaus können sich Katzen bei pechschwarzer Nacht an Geräuschen und Gerüchen intuitiv ausrichten und sich mit Hilfe ihrer erstaunlich feinfühligen Schnurrbarthaare selbst in fremden Gegenden orientieren. Sie vermögen im Gegensatz zum Menschen Bewegungen und Objekte im Halbdunkel und bei Nacht zu erkennen, also »Unsichtbares« zu sehen.

Die Katze im Aberglauben

Häufig wurden Elemente des Aberglaubens, z. B. Prophezeiungen, Zukunftsdeutungen und Verwünschungen, mit den verschiedenen Verhaltensformen der Katze in Verbindung gebracht: Schlimmes droht, wenn man von einer schwarzen Katze träumt oder sie einem morgens über den Weg läuft. Beißen sich zwei Katzen, so gibt's Streit im Haus, und das Erscheinen einer fremden Katze deutet auf einen Sterbefall.

Auch Maikatzen sollen Unglück bringen. Dies hängt wohl mit der Walpurgisnacht (Nacht vor dem 1. Mai) zusammen, in der die Hexen auf Katzen zum Blocksberg reiten und dort ihr wildes Wesen treiben.

Die Katze kann im Zusammenhang mit Liebe und Tod Zukünftiges an- und vorausdeuten: Hier leuchtet das Bild der weisen »Göttin-Katze« auf, denn nur die Große Göttin, etwa in der Figuration der Schicksalsgöttinnen (Nornen), war Herrin über das Schicksal, über Zeit und Tod.

Die Katze galt im Volksglauben auch als Wetterprophet. Leckt die Katze sich gegen das Haar, so folgen Sturm und Wind

(»Nordwestwind« heißt im Harz »Katzennase«). Regen gibt es, wenn sie sich wäscht oder sich das Hinterteil leckt. Scharrt sie den Boden auf, so schlägt das Wetter um. Wirft man eine Katze ins Wasser, so wird das Wetter schlecht, und vieles mehr.

Gewisse magische Handlungen mit Katzen sollen Unsichtbarkeit verleihen können. Katzen treten aber auch als Glücksbringer auf. In einem Haus, in dem sich viele Katzen wohlfühlen, waltet Segen. Der Volksmund weiß: »Wer die Katze ins Wasser trägt, der trägt sein Glück aus dem Haus.«

Der Volksbrauch kennt das Opfern von Katzen. Im Mittelalter wurden bei Pest und anderen Seuchen Katzen als Sühneopfer getötet. Im Oldenburgischen nannte man den Aschermittwoch den »Katteraschentag«, weil ein Kater getötet wurde. Nicht selten warf man Katzen als Opfergaben in die Johannis- und Fastnachtsfeuer. Auch als »Korndämon« oder »Korngeist« kommen Kater und Katze vor: Zu Beginn der Ernte wurden Katzen mit Bändern und Blumen geschmückt und geopfert, um eine gute Ernte zu gewährleisten. Hier klingt noch das alte Wissen von der Fruchtbarkeitsgöttin Freya und ihren Katzen nach, die Verehrung der einst heiligen Tiere schlägt jedoch in grausame Tötung um.

Noch im 18. Jahrhundert fand in Aix-en-Provence ein seltsames Ritual statt, das von der Kirche stillschweigend geduldet wurde: Der schönste Kater der Umgegend wurde mit Blumen geschmückt, in einem prächtigen Schrein ausgestellt und durch die Straßen getragen. Am 24. Juni (Höchststand der Sonne) wurde der Kater in einem Weidenkorb verbrannt.

Die Katze im Märchen

Der Volksglaube sah in der Katze von alters her die Gefährtin der Hexe in ihrer Doppelgesichtigkeit: In ihrem dämonischen

Dunkelaspekt der Nacht und dem Mond zugeordnet, ist die Hexe naturhaft mit der nachtaktiven Katze verwandt. Die Hexe ist aber in ihrem positiven Aspekt auch die weise Frau, die Große Göttin, die Heilung, Schutz und Wissen verkörpert und das Geheimnis des Lebens kennt. Dieser Volksglaube hat in vielen Märchen und Sagen Gestalt gewonnen. Die weisen Frauen des Märchens sind Abbilder der »Großen Göttin« der alten Kulturen, der Magna Mater, der Erdmuttergöttin, die das Leben hervorbringt und wieder in sich aufnimmt.

Im Märchen entspricht dieses Janusgesicht der Hexe dem rätselhaften doppelseitigen Charakter der Katze, alle Aspekte des geheimnisvollen Tieres finden sich hier wieder. Im Volksmärchen und in der Sage erscheint die Katze häufig als Figuration eines verwandelten Menschen, eines Prinzen, einer Prinzessin, aber auch einer Hexe oder einer weisen mütterlichen Gestalt. Die folgenden Kapitel berichten davon:

Die verzauberte Katzenprinzessin

Blickt man in die geheimnisvoll wissenden Augen einer schönen weißen Katze, streicht sie dem Katzenfreund anmutig um die Beine und miaut, als wollte sie mit dem Menschen Zwiesprache halten, so könnte sich jeder Katzenfreund einbilden, das Tier wäre eine verzauberte Prinzessin. In den vorliegenden Märchen verhält sich die Katze ganz verblüffend menschlich: Sie sitzt artig am Tisch, schleckt ein bißchen Wein, legt sich ein Stück Braten auf den Teller, will mit dem Burschen tanzen und spricht mit ihm (vgl. »Der arme Müllerbursch und das Kätzchen«; »Die schöne Prinzessin«). Der Märchenerzähler nimmt die realen Verhaltensweisen einer Katze – das Miauen in verschiedenen Tonlagen, das Sprechlauten ähnlich ist, das zarte Stubsen mit dem Köpfchen, das possierliche Hantieren mit dem Pfötchen, kurz, die bestechende Eleganz und Schönheit ihrer Bewegungen – in die

Zauberwelt der Texte hinein und vermischt sie mit dem Phantastischen. Die Märchen dieses Kapitels thematisieren die anmutigen und »bezaubernden« Seiten der Katze.

So sitzt in dem Schweizer Märchen »Das Katzenschloß« das Katzen-Königspaar majestätisch auf seinem Thron, ganz so, wie die eigene Katze auf dem schönsten Seidenkissen thronen kann. Heidnisches vermischt sich in diesem Märchen mit Christlichem: Eine Zauberwurzel unter drei Kreuzen, hoch oben auf einem Berg, muß in dunkelster Nacht gefunden werden, damit das Katzenschloß und alle verzauberten Katzen erlöst werden können. In den anderen Märchen dieses Kapitels muß der Märchenheld, um die Prinzessin zu entzaubern, zu grausamer Tat bereit sein – er muß ihr Kopf, Pfote oder Schwanz abhauen.

Der listige und kluge Kater

Das bekannte Märchen vom »Gestiefelten Kater« (Charles Perrault) wird in dieser Ausgabe in einer noch älteren Erzählart abgedruckt: »Gagliuso« von Giambattista Basile aus der ersten großen Märchensammlung des 16. Jahrhunderts. Es ist in einem barocken, satirischen Sprachstil geschrieben, das Kunstvoll-Manieristische mischt sich mit dem Derb-Naiven.

Gustab Schwab hat in den Deutschen Volksbüchern den köstlichen Schildbürgerstreich vom »Maushund« nacherzählt. Treffsicher wird hier die Flinkheit und Schläue einer Katze mit der tolpatschigen Dummheit der Schildbürger kontrastiert. Das unbekannte Katzentier, das zum Segen der Menschen alle Mäuse frißt, bringt in dem isländischen Märchen »Der Häuslerssohn und seine Katze« dem armen Burschen großen Reichtum.

Uralt ist das Motiv des Kampfes zwischen Katze und Maus. Schon altägyptische Märchenfragmente enthalten solche Szenen aus dem »Mäusekrieg« (s. Seite 169). Das bekannte Grimmsche Märchen »Katz und Maus in Gesellschaft« zeichnet mit großem Witz und Realitätssinn das aggressive und räuberische Verhalten einer Katze, die eigensinnig und gefräßig sich über jede »Moral« hinwegsetzt. Das Märchen gerät zur Fabel mit dem belehrenden Schlußsatz: »Siehst du, so geht's in der Welt!« Mit unübertroffenem Humor und bizarrer Phantastik beschreibt E.T.A. Hoffmann in seinen »Lebensansichten des Katers Murr« die Charaktereigenschaften eines Katers: seine Unbestechlichkeit und Unabhängigkeit, seine Intelligenz und Schlauheit. Hoffmann zeichnet das köstliche Bild der gelehrten Katze, die sich selbst das Lesen beibringt, die mit zierlicher Pfote die eigenen Werke aufzuschreiben versteht und tiefsinnigen philosophischen Gedanken nachhängt. Dies entbehrt nicht eines treffenden Realismus: Welcher Katzenfreund hat nicht schon erlebt, mit welcher Wollust sich die Katze mitten auf den mit Papieren und Büchern beladenen Schreibtisch »hinlagert« (Hoffmann) und uns mit vielsagend-klugen Augen anschaut! E. T. A. Hoffmanns »Wirklichkeitsmärchen manifestieren einen Dualismus des Wunderbaren und des Empirischen« (J. Tismar).

Die weise Mutter-Katze

In dem Märchen »Beim Holunderbaum« besitzt die Katze die Gabe der Weissagung. Sie weiß und sagt die Wahrheit und richtet die bösen Weiber. Hier vertritt die sprechende Katze noch eine mahnende gute Gottheit, ein Abbild der archetypischen Magna Mater. Dem Holunderbaum zollt der Südtiroler Bauer höchste Achtung, es ist ein heiliger Baum. Der Pflanze Rinde, Blüte, Blätter, Wurzeln und Früchte sollen gegen tausend Übel helfen, sie sind aber auch als Liebes- und Fruchtbarkeitszauber zu verwenden. Nach dem Glauben der Alten saß in den Zweigen des Holunderbaumes eine Gottheit. Dieses Märchen überliefert uns das Wissen von der Katze als mythologisch göttlichem Tier (vgl. S. 166 ff.).

»Die Katzenmühle«, eine Variante des Märchens von Frau Holle (»Vom freundlichen und schlimmen Mädchen«), erzählt von der verwunschenen Katzenmühle, in der fünfzig Weiber mit riesigen Katzenschädeln hausen. Auch hier kennt die Katze die Wahrheit und richtet die Menschen: Die Katze nimmt in diesem Märchen die Funktion der Frau Holle ein, in der vervielfachten Figuration von fünfzig Katzen-Weibern, die das freundliche, gute Mädchen mit Glück, Reichtum und Leben (Gold-, Silbergeld und Feuer) belohnt, die schlimmen Mädchen (hier zwei Stiefschwestern) und die böse Stiefmutter mit dem Tod bestraft: sie werden von den Katzen zerrissen.

In einer schweizerischen Variante von Frau Holle »Guldig Betheli und Schwarz Babi« wird Goldmarie-Betheli nicht von Frau Holle, sondern ebenfalls von klugen, wissenden Katzen willkommen geheißen. »Weiße Kätzlein mit buschigen Schwänzlein, die reden konnten wie Menschen« sitzen an den Pforten eines prächtigen Schlosses und begrüßen sie mit ihrem Namen. Die Katzen richten, bestrafen und belohnen, Goldmarie-Betheli erhält einen goldenen Eimer und ein goldenes Kleid, Pechmarie-Schwarz-Babi wird von den Katzen schlimm zerkratzt und erhält einen Eimer mit Roßbollen.

»Der Federkönig«, eine unbekannte Märchenvariante des »Gestiefelten Katers«, erzählt von einer wilden weiblichen Katze, die einen Knaben von armen Leuten raubt und in ihrer Höhle mit Kräutern und Waldfrüchten ernährt und aufzieht. Sie kleidet ihn in ein Federkleid aus den schönsten Federn aller Vögel, die diese ihr freiwillig schenken. Nun zieht er in die Welt hinaus, und Frau Katze hilft ihm zum Glück. Hier ist unter der Erzählschicht des männlichen »Gestiefelten Katers« noch die Figur der weiblichen Mutterkatze verborgen, die Nahrung, Kleidung und Schutz dem Jungen bietet. Dies ist ebenfalls ein Nachklang der mythologischen Vorstellung von der Großen Göttin in Gestalt der weiblichen Katze.

Auch das Märchen »Das Kätzchen und die Stricknadeln« von Ludwig Bechstein hat das Bild der zauberkundigen weiblichen Katze bewahrt. Die Katze ist in Wirklichkeit eine gute Fee, die gute Taten mit einer Zaubergabe belohnt. In den Märchen dieses Kapitels fehlt das Element des Dämonischen, die weibliche Katze steht hier ganz in der Tradition der Göttin-Katze der Mythologie.

»Die weiße Katze« zeigt fast rührend-zärtliche und mütterliche Züge, wenn sie das arme verstoßene Mädchen vor einem Menschenfresser rettet, indem sie dieses nachts mit ihrem weichen Pfötchen durch ein leises und sanftes Streicheln an der Wange weckt. Sie schützt und befreit das Mädchen, indem sie den Menschenfresser mit ihren scharfen Krallen zerkratzt (obwohl sich die Katze am Schluß in einen Prinzen verwandelt, überwiegen in diesem Märchen die weiblich-mütterlichen Elemente).

»Prinz Katz« ist der auf wunderbare Weise gezeugte menschliche Sohn einer Katze! Im Märchen ist alles möglich: Durch den Genuß zweier Zauberfische soll die Königin endlich schwanger werden. Die Katze stibitzt einen Fisch, und nun werden beide – Königin und Katze – schwanger und gebären zwei Knaben. Der von der Katzenmutter geborene Prinz – »Prinz Katz« – ist der lebenstüchtigere, der klügere und listigere von beiden Söhnen. Im Volksglauben galt die Katze von jeher als Symbol der Fruchtbarkeit und Mütterlichkeit, da Katzen sehr fürsorgliche und treue Mütter sind.

Der »allerliebste goldene Schlitten«, vor den »vier schneeweiße Katzerl« gespannt sind, ist das Zaubergefährt, das dem armen Mädchen auf geheimnisvolle Weise den Weg zum verwunschenen Schloß zeigt (»Der goldene Schlitten und die vier Katzerl«). Dies ist das mythische Bild des Wagens der Göttin, der von großen Katzen gezogen wird. Das Volksmärchen tradiert häufig uralte Vorstellungen des Mythos und gestaltet sie märchenhaft um.

Die dämonische Hexen-Katze

Die im Volksglauben und in den Volkserzählungen tief verankerte Vorstellung, die Katze sei in Wirklichkeit eine Hexe, die in Katzengestalt dem Menschen Böses tun könne, findet sich in vielen Märchen und Sagen. Die Märchenerzähler sparten nicht mit gruseligen und grausamen Einzelheiten. Das Motiv der abgehauenen Katzenpfote, die in Wirklichkeit eine blutende Frauenhand ist, taucht in vielen Märchen auf. Schaudernd muß der Jüngling feststellen, daß seine Braut eine Hexe ist, der er nächtens im Anblick einer bissigen Katze selbst die Hand abschlug (»Die abgehauene Katzenpfote«).

In einer deutschen Märchensammlung aus dem Jahre 1845 (J. W. Wolf) finden sich zahlreiche Volkserzählungen, die von den unterschiedlichsten Erfahrungen mit Hexen-Katzen berichten. Das Dämonisch-Tödliche der Hexen vermischt sich mit betörend-verführerischen Elementen: Bei lieblicher Musik und Lichterglanz tanzen die Katzen allerliebst um die Dorflinde; andere backen köstliche Kuchen, deren Genuß den sicheren Tod bringen (»Die Katzenlinde«).

Dämonisch ist der Charakter der Katze, die behext: Immer schwerer und schwerer wird dem Jüngling die Katze auf dem Rücken, bis ihm der Blutschweiß ausbricht (»Kätzchen unter der Bütte«). Hexen tanzen, also tanzen auch die Hexen-Katzen! Der Kreis, den die tanzenden Katzen bilden, ist ein uraltes Zauber-, auch Bannsymbol (»Hexen stehlen Kinder«). Neben der Fähigkeit zu backen, können Katzen-Hexen auch waschen, und zwar waschen schwarze Katzen die Wäsche weiß – zauberhaft weiß! Wird die Hexen-Katze bei ihrer Arbeit beobachtet und entdeckt, verwandelt sich die reine Wäsche augenblicklich wieder in schmutzige. Von dieser Badener Sage »Die Hexenwäsche« rührt die in Karlsruhe noch heute gängige Redensart her: »Mohrle, nur sauber!«

Im Schweizer Volksglauben ist das »Mattisetier« eine hexenhafte Katze, die sich während der Weihnachts- und Fastnachtszeit in die Bauernhöfe schleicht und an den Feiertagen die saubere Wäsche und das frisch Gebackene beschmutzt und zerstört.

Hexen-Katzen zeigen ihre dämonisch-vernichtende Macht: Sie dämonisieren das Vieh, erscheinen dem Verliebten als Hexenbraut (»Die Katze aus dem Weidenbaum«), stehlen Kinder und fallen Menschen mit ihren scharfen Krallen an, so daß sie sterben müssen (»Hexen als Katzen«). Nur Hexenbanner und Geistliche können mit christlichen Riten (Kreuzschlagen, Banngebeten usw.) die Macht des Bösen brechen. Die Hexen-Katzen stehen in enger Verbindung mit dem Teufel (»Die Katzentaufe«).

In diesen Volksüberlieferungen findet der Glaube an die tatsächliche Existenz von Hexen seinen Niederschlag. Parallel zu der Ausrottung und Verfolgung der verschiedenen Göttinnen-Kulte durch die stark patriarchalisch ausgerichtete christliche Kirche des Mittelalters lief die Abwertung und die Diskriminierung der Frau und alles Weiblichen, was zu den schrecklichen Exzessen der Hexenprozesse führte. Diese Entwicklung läßt sich in Märchen und Sagen an der Symbolgestalt der Katze verfolgen.

»Die Unglückskatze«, eine märchenhafte Erzählung von Theobald Kerner, dem Sohn des berühmten Dichters, Arztes und Geisterbeschwörers Justinus Kerner, in dessen Haus die großen Dichter und Denker seiner Zeit einkehrten, fasziniert den Leser durch das geheimnisvolle Motiv der behexenden Augen. Wer hat nicht schon einmal irritiert in die grün oder gelb leuchtenden phosphoreszierenden Augen einer Katze geschaut, ohne im Dunkel der Nacht die vorbeihuschende Gestalt des Tieres erkannt zu haben! Katzen fixieren uns, und dennoch scheinen sie in die Leere zu schauen, es scheint, als »durchschauten« sie uns. Dieser rätselhafte Blick der »Unglückskatze«, die, in Öl gemalt, jeden Besitzer des Bildes behext, daß er innerhalb kürzester Zeit unter mysteriösen Umständen stirbt, ist das Hauptmotiv dieses Kunstmärchens von Theobald Kerner.

Der zauberkräftige Kater

Das phantastisch-unheimliche Kunstmärchen »In Bulemanns Haus« (1864) von Theodor Storm thematisiert die fortschreitende materielle Entfremdung des Menschen in einer von Habgier und Geld beherrschten Welt. Bulemann symbolisiert die brutale Hartherzigkeit des Menschen gegenüber dem Elend. Zwei Katzen mit den sprechenden Namen Graps (»grapschen« = an sich raffen) und Schnores (»schnorren« = schmarotzen) wachsen plötzlich zu zwei furchterregenden Raubtieren an – parallel dazu schrumpft Bulemanns Gestalt zusammen – und halten schreckliches Gericht über ihn: Phantastischerweise können die Riesenkatzen ihn mit ihren scharfen Krallen jahrelang im Hause gefangenhalten, bis er, weder tot noch lebendig, völlig eingeschrumpft ist.

Das russische Märchen vom »Kater Wiljiki Timofei Iwanowitsch« ist eine Variante des Märchens »Der Fischer und seine Frau«. Der Zauberkater mit goldenen Schnurrbarthaaren, der auf der Tanne hockt, vermag die größten Reichtümer herbeizuzaubern, richtet aber den Menschen bei gotteslästerlicher Habgier.

Das norwegische Märchen von der Zauberkatze, die nicht nur Grütze und Fett, sondern auch Menschen, Tiere, Häuser, ja sogar zuletzt noch den Mond und die Sonne frißt, ist ein köstliches Schelmenmärchen, das die Gefräßigkeit der Katze ins Phantastische verzerrt (»Die Katze, die so viel fressen konnte«).

Den Ausklang der Sammlung bildet ein Auszug aus dem Kunstmärchen »Spiegel, das Kätzchen« von Gottfried Keller (erschienen 1856; Teil des Novellenzyklus »Die Leute von Seldwyla«). Das Kätzchen Spiegel ist, gleich dem Kater Murr von E. T. A. Hoffmann und dem Gestiefelten Kater von Charles Perrault, ein selbstbewußter und sehr philosophischer Katzenmann. Aber nur unter günstigen materiellen Voraussetzungen verfügt er über hohe charakterliche Qualitäten. Als seine Herrin stirbt, wird er »gierig, kriechend und feig; all sein Mut, seine zierliche Katzenwürde, seine Vernunft und Philosophie waren dahin«. Aus seiner Not rettet ihn der Stadthexenmeister Pineiß, welcher für seine Hexerei dringend »Katzenschmer« braucht, um seine Zauberkünste ausführen zu können. Der halbverhungerte Spiegel erhält nun die herrlichsten Katzenspeisen, um alsdann Schmer und Leben, wie man hofft, jämmerlich zu lassen.

Schlechte Aussichten – nicht jedoch für Kater Spiegel! Wie sich Spiegel aufgrund seiner Verschlagenheit und Intelligenz aus dieser verzwickten Lage zu retten weiß, beschreibt Keller mit beißender Ironie und tiefgründigem Humor.

Zum Schluß möchte ich allen denjenigen danken, die mit vielen wertvollen Hinweisen zum Gelingen dieses Buches beigetragen haben. Insbesondere danke ich Sigrid Früh, Märchenerzählerin und Germanistin, für ihren sachkundigen Rat.

Dettenhausen, im Mai 2006 *Barbara Stamer*

Quellenhinweise

Die verzauberte Katzenprinzessin

»*Das Katzenschloß*«, Caspar Decurtius, Märchen aus dem Bünder Oberlande, Chur 1874

»*Die schöne Prinzessin*«, August Ey, Harzmärchenbuch, Sagen und Märchen aus dem Oberharze, Stade 1862

»*Der arme Müllerbursch und das Kätzchen*«, Brüder Grimm, Kinder- und Hausmärchen, Ausgabe letzter Hand, Göttingen 1857

»*Die verzauberte Katze*«, Originaltitel: »Die weiße Katze«, G. Schambach und W. Müller, Niedersächsische Sagen und Märchen, Göttingen 1855

Der listige und kluge Kater

»*Cagliuso*«, Giambattista Basile, aus: »Der Pentamerone oder: Das Märchen aller Märchen«. Aus dem Neapolitanischen übertragen von Felix Liebrecht, Breslau 1846

»*Der Maushund*«, Gustab Schwab, aus: »Die Deutschen Volksbücher«, Gütersloh und Leipzig 1880

»*Der Häuslerssohn und seine Katze*«, Isländische Volksmärchen, Jena 1923

»*Die Waldmaus und die Wildkatze*«, Sagen und Märchen der Südslaven, Friedrich Krauß, Leipzig 1883

»*Katze und Maus in Gesellschaft*«, Brüder Grimm, Kinder- und Hausmärchen, Ausgabe letzter Hand, Göttingen 1857

»Der Fuchs und die Katze«, Brüder Grimm, Kinder- und Hausmärchen, Ausgabe letzter Hand, Göttingen 1857
»Lebensansichten des Katers Murr nebst fragmentarischer Biographie des Kapellmeisters Johannes Kreisler in zufälligen Makulaturblättern« (Auszüge), E.T.A. Hoffmann, Berlin 1820/22

Die weise Mutter-Katze

»Beim Holunderbaum«, Hans Fink, Volkserzählungen aus Südtirol, o. J.
»Die weiße Katze«, Karl und Theodor Colshorn, Märchen und Sagen, Hannover 1854
»Die Katzenmühle«, J.R. Bünker, Schwänke, Sagen und Märchen in heanzinischer Mundart, Leipzig 1906, aus dem Heanzinischen übertragen von Barbara Stamer
»Guldig Betheli und Schwarz Babi«, Otto Sutermeister, Kinder- und Hausmärchen aus der Schweiz, Aarau 1869
»Das Kätzchen und die Stricknadeln«, Ludwig Bechstein, Deutsches Märchenbuch, Leipzig 1857
»Der goldene Schlitten und die vier Katzerl«, Originaltitel: »Die weißen Katzerl«, V. Geramb und R. Pramberger, Märchen aus der Steiermark, Jena 1926, überarbeitet von Barbara Stamer
»Prinz Katz«, Otto Knoop, Volkssagen, Erzählungen, Aberglauben, Gebräuche und Märchen aus dem östlichen Hinterpommern, Posen 1885

Die dämonische Hexen-Katze

»Die abgehauene Katzenpfote«, Originaltitel: »Der Müllerbursch und die Katze«, Gebrüder Zingerle, Kinder- und Hausmärchen aus Tirol, Innsbruck 1891

»*Hexen als Katzen*«, Karl Müllenhoff, Sagen, Märchen und Lieder aus Schleswig, Holstein und Lauenburg, Leipzig Norden 1845
»*Die Teufelskatze*«, ebenda
»*Die Katzenlinde*«, Johannes Wilhelm Wolf, Deutsche Märchen und Sagen, Leipzig 1845
»*Kätzchen unter der Bütte*«, ebenda
»*Die Katzentaufe*«, Ernst Meier, Deutsche Sagen, Sitten und Gebräuche aus Schwaben, Stuttgart 1852
»*Hexen stehlen Kinder*«, ebenda
»*Die Unglückskatze*«, Theobald Kerner, aus: »Das Kernerhaus und seine Gäste«, Stuttgart 1894
»*Die Hexenwäsche*«, August Schnezler, Badisches Sagenbuch, Band 2, Karlsruhe 1846
»*Das Mattisetier*«, Ernst L. Rochholz, Schweizer Sagen aus dem Aargau, 1856
»*Die Katze aus dem Weidenbaum*«, Jakob und Wilhelm Grimm, Deutsche Sagen, Band II, Berlin 1818

Der zauberkräftige Kater

»*In Bulemanns Haus*«, Theodor Storm, Sämtliche Werke in acht Bänden, Leipzig 1923
»*Der Kater Wiljiki Timofei Iwanowitsch*«, Russisches Volksmärchen, aufgezeichnet von Sigrid Früh, welcher das Märchen von einem Exilrussen erzählt wurde
»*Die Katze, die so viel fressen konnte*«, Nordische Volksmärchen, 2. Teil Norwegen, Jena 1915
»*Spiegel, das Kätzchen« (Auszug)*, Gottfried Keller, in: »Die Leute von Seldwyla«, Braunschweig 1856

Verwendete Literatur in Auswahl

Bächtold-Stäubli, Hanns (Hg.): »Handwörterbuch des deutschen Aberglaubens«, Berlin und Leipzig 1935/1936

Brunner-Traut, Emma: »Kleine Ägyptenkunde«, Stuttgart 1991

Hammes, Manfred: »Hexenwahn und Hexenprozesse«, Frankfurt 1977

Howey, M. Oldfield: »Die Katze in Magie, Mythologie und Religion«, Wiesbaden 1991

Kindlers Literaturlexikon, München 1974

Morris, Desmond: »Catwatching, Die Körpersprache der Katze«, München 1987

Oeser, Erhard: »Katze und Mensch«, Die Geschichte einer Beziehung, Darmstadt 2006

Rochholz, Ernst: »Schweizersagen aus dem Aargau«, Aarau 1856

Tismar, Jens: »Kunstmärchen«, Stuttgart 1983

Forschungsbeiträge aus der Welt der Märchen

Veröffentlichungen der
Europäischen Märchengesellschaft (VEMG)

Band 1: **Vom Menschenbild im Märchen.**
Janning, J./Gehrts, H./Ossowski, H. (Hg.).
ISBN 978-3-89875-963-2.

Band 2: **Gott im Märchen.**
Janning, J./Gehrts, H./Ossowski, H./Thyen, D. (Hg.).
ISBN 978-3-89875-964-9.

Band 3: **Rumänische Märchen außerhalb Rumäniens.**
Karlinger, F. (Hg.). ISBN 978-3-89875-965-6.

Band 4: **Märchenerzähler – Erzählgemeinschaft.**
Wehse, R. (Hg.). ISBN 978-3-89875-950-2.

Band 5: **Hessen – Märchenland der Brüder Grimm.**
Oberfeld, Ch./Bimmer, A. C. (Hg.). ISBN 978-3-89875-951-9.

Band 6: **Antiker Mythos in unseren Märchen.**
Siegmund, W. (Hg.). ISBN 978-3-89875-966-3.

Band 7: **Die Welt im Märchen.**
Janning, J./Gehrts, H. (Hg.). ISBN 978-3-89875-952-6.

Band 8: **Die Frau im Märchen.**
Früh, S./Wehse, R. (Hg.). ISBN 978-3-89875-967-0.

Band 9: **Märchen in Erziehung und Unterricht.**
Dinges,O./Born, M./Janning, J. (Hg.). ISBN 978-3-89875-968-7.

Band 10: **Schamanentum und Zaubermärchen.**
Gehrts, H./Lademann-Priemer, G. (Hg.). ISBN 978-3-89875-969-4.

Band 11: **Liebe und Eros im Märchen.**
Janning, J./Gobyn, L. (Hg.). ISBN 978-3-89875-953-3.

Band 12: **Märchen in der Dritten Welt.**
Oberfeld, Ch./Becker, J./Röth, D. (Hg.). ISBN 978-3-89875-954-0.

Band 13: **Die Zeit im Märchen.**
Heindrichs, U./Heindrichs, H.-A. (Hg.). ISBN 978-3-89875-970-0.

Band 14: **Wie alt sind unsere Märchen?**
Oberfeld, Ch. (Hg). ISBN 978-3-89875-971-7.

Band 15: **Tiere und Tiergestaltige im Märchen.**
Esterl, A./Solms. W. (Hg.). ISBN 978-3-89875-955-7.

Band 16: **Tod und Wandel im Märchen.**
Heindrichs, U./Heindrichs, H.-A./Kammerhofer, U. (Hg.).
ISBN 978-3-89875-972-4.

Band 17: **Witz, Humor und Komik im Volksmärchen.**
Kuhlmann, W./Röhrich, L. (Hg.). ISBN 978-3-89875-973-1.

Band 18: **Phantastische Welten.**
Le Blanc, Th./Solms, W. (Hg.). ISBN 978-3-89875-974-8.

Band 19: **Märchen und Schöpfung.**
Heindrichs, U./Heindrichs, H.-A. (Hg.). ISBN 978-3-89875-956-4.

Band 20: **Spiel, Tanz und Märchen.**
Möckel, M./Volkmann, H. (Hg.). ISBN 978-3-89875-957-1.

Band 21: **Das Märchen und die Künste.**
Heindrichs, U./Heindrichs, H.-A. (Hg.). ISBN 978-3-89875-975-5.

Band 22: **Märchen in Erziehung und Unterricht heute.**
Wardetzky, K./Zitzlsperger, H. (Hg.). ISBN 978-3-89875-976-2.

Band 23: **Zaubermärchen.**
Heindrichs, U./Heindrichs, H.-A. (Hg.). ISBN 978-3-89875-958-8.

Band 24: **Märchenkinder – Kindermärchen.**
Bücksteeg, Th./Dickerhoff, H. (Hg.). ISBN 978-3-89875-977-9.

Band 25: **Alter und Weisheit im Märchen.**
Heindrichs, U./Heindrichs, H.-A. (Hg.). ISBN 978-3-89875-978-6.

Band 26: **Als es noch Könige gab.**
Lox, H./Heindrichs, H.-A. (Hg.). ISBN 978-3-89875-979-3.

Band 27: **Mann und Frau im Märchen.**
Lox, H./Früh, S./Schultze, W. (Hg.). ISBN 978-3-89875-961-8.

Band 28: **Der Wunsch im Märchen/Heimat und Fremde im Märchen.**
Lox, H./Gobrecht, B./Bücksteeg, Th. (Hg.).
ISBN 978-3-89875-962-5.

Band 29: **Sprachmagie und Wortzauber/Traumhaus und Wolkenschloss.**
Lox, H./Jacobsen, I./Lutkat, S. (Hg.). ISBN 978-3-89875-130-8.

Band 30: **Homo faber/Verlorene Paradiese – gewonnene Königreiche.**
Lox, H./Volkmann, H./Bücksteeg, Th. (Hg.).
ISBN 978-3-89875-980-9.

Band 31: **Stimme des Nordens in Märchen und Mythen/Märchen und Seele.**
Lox, H./Schmidt, W./Bücksteeg, Th. (Hg.).
ISBN 978-3-89875-982-3.

Band 32: **Dunkle Mächte im Märchen und was sie bannt/Recht und Gerechtigkeit im Märchen.**
Lox, H./Lutkat, S./Kluge, D. (Hg.). ISBN 978-3-89875-984-7.

Band 33: **Der Vater in Märchen, Mythos und Moderne/Burg und Schloss, Tor und Turm im Märchen.**
Lox, H./Lutkat, S./Schmidt, W. (Hg.). ISBN 978-3-89875-986-1.

Band 34: **Märchenhaftes Irland/Vom glücklichen Ende.**
Jacobsen, I./Lox, H./Lutkat, S. (Hg.). ISBN 978-3-89875-989-2.